CANTARÉ DE TU AMOR POR SIEMPRE

delirious?

Vida®

CANTARÉ DE TU AMOR POR SIEMPRE
Edición en español publicada
por Editorial Vida -2008

Miami, Florida

Publicado en inglés bajo el título:
I Could Sing of Your Love Forever
Por Regal Books

Traducción: *Silvia Himitian*
Edición: *Virginia Himitian*
Diseño interior: *Pablo Snyder & Co*
Diseño de cubierta: *Grupo Nivel Uno, Inc.*

ISBN - 10: 0-8297-5205-6
ISBN - 13: 978-0-8297-5205-2

Categoría: VIDA CRISTIANA / CRECIMIENTO ESPIRITUAL

Impreso en México
Printed in Mexico

08 09 10❖6 5 4 3 2 1

Contenido

Prólogo

Matt Redman

En el año 1779, John Wesley presentó un nuevo himnario con la esperanza de que esas canciones se convirtieran para el adorador en «un medio de despertar o avivar el espíritu de devoción, de confirmar su fe, de reavivar su esperanza, y de encender y aumentar su amor por Dios». Nuestras canciones de adoración van dirigidas a Jesús (aunque al abrirse paso a través de nuestro corazón para elevarse hacia el cielo, a menudo operan milagros en nosotros). Las canciones de Delirious? constituyen un fantástico ejemplo; a través de ellos y de sus canciones, incontables personas alrededor del mundo han experimentado precisamente lo que Wesley describió hace más de doscientos años: una fe fortalecida, una renovación de la esperanza y un mayor sentido de amor y devoción por su Dios. Eso es lo que producen las excelentes canciones de adoración.

En el tiempo en que aparecieron las primeras canciones de adoración de Delirious? (o «*Cutting Edge*», como se los conocía en ese entonces,) tuve el privilegio de trabajar en el estudio, con Martin Smith como mi productor. Una de las ventajas que eso me concedió fue tener un acceso temprano a todo lo que se cocinaba en las ollas de Delirious?. Recuerdo la sonrisa de oreja a oreja que apareció en mi rostro la primera vez que escuché «The Happy Song» [La canción feliz], y también las lágrimas que derramé en intercesión al oír «Did You Feel the Mountains Tremble?» [¿Han temblado las montañas?].

Escuchar sus canciones en un CD es algo tremendo, pero cuando comencé a dirigir esas canciones en diversos encuentros de jóvenes por todo el Reino Unido, pude percibir el aporte de toda una dinámica diferente. Resultaba sorprendente ver a esos adoradores jóvenes conectarse a través de una renovada expresión de alabanza; era como si finalmente hubieran encontrado su voz dentro del concierto de la alabanza. No sorprende entonces que esas canciones comenzaran a recorrer toda la nación; literalmente hablando, uno no podía ir a un encuentro de adoración con jóvenes en el Reino Unido en el que no se cantara al menos una de las canciones de Delirious?. No pasó mucho tiempo antes de que su música comenzara a atravesar el océano y, hasta el día de hoy, las canciones de Delirious? inspiran a los adoradores de todos los continentes del globo.

Y aunque Delirious? se haya globalizado, no han perdido sus raíces locales. Si cualquier domingo por la mañana vamos a la escuela en la que las primeras reuniones de *Cutting Edge* tuvieron lugar, encontraremos a Martin, John, Stew, Tim y Stu G. Podrán estar dirigiendo las canciones desde el frente, o acaso sentados con el resto de la congregación, pero son parte integrante de la iglesia. Y quizá sea por eso que sus canciones continúan fluyendo. La razón por la que estos muchachos pueden hacer sonar «La campana de la misión» [The Mission Bell] con integridad y pasión es porque han estado en ella todo el tiempo. Sus pies han tocado tierras de América del Sur, África, Australia, la India, el este de Europa y los Estados Unidos, y sin embargo, todavía permanecen firmemente arraigados a una tierra mucho menos conocida, como Littlehampton, viviendo allí y orando por ver que llegue el reino de Dios.

Sin lugar a dudas, habrá muchas nuevas canciones llenas de fervor en el futuro, y seguiremos oyendo tocar a la banda. Pero, por el momento, leamos estas historias relacionadas con las canciones pasadas, y celebremos todo lo que Dios ha elegido hacer a través de ellas.

Matt Redman

Prefacio

Darlene Zschech

Todavía recuerdo la primera vez en que escuché un CD de Delirious?. Estaba planchando (bueno, algunas cosas de la vida son siempre iguales) y para lograr que los quehaceres fueran algo soportable, puse uno de los CD que me enviaron. ¿Conocen esa sensación que se experimenta cuando uno espera que un CD sea bueno, pero no llena las expectativas? Sin embargo, esta vez quedé absolutamente sorprendida: percibí como una corriente eléctrica en lo que escuchaba, y el sonido de las guitarras me sugirió que debía prestar mayor atención. Cuando las palabras comenzaron a fluir, mi corazón se plegó a la naturaleza apasionada y profética de todas esas canciones que se volcaban sobre mí. Por primera vez sentí que alguien realmente transmitía todo aquello que mi corazón siempre había deseado decir. Cada vez que me ponía a escribir canciones parecía experimentar un ahogo al encarar las expresiones más íntimas de esa lírica; y en ese momento descubrí que mi propia travesía de sanidad y comprensión en cuanto a la adoración todavía tenía un largo camino por delante. Y allí estaban esas canciones de *Cutting Edge*, 1, 2, 3, 4 y yo no parecía poder absorberlo todo. Las canciones eran valientes, ásperas, sinceras; estos autores no temían admitir sus imperfecciones. Su música resultaba liberadora, aun cuando me colocaban ante el desafío de abrirle los lugares más profundos de mi vida a la mano de Dios.

¿Pero creen ustedes que podía conseguir algún álbum de Delirious? aquí en Australia? ¡No! Así que cada vez que viajábamos yo traía toda la música de ellos que lograba meter en aquellas maletas mías, baratas e inseguras (¡en esa época las aerolíneas eran un poco más flexibles en cuanto a los límites de peso!), y luego le regalaba un CD a todo el que podía. Esas canciones se convirtieron en gran parte de la música de fondo que me acompañó durante mi travesía cristiana; y el tema «History Maker» [Hacedor de historia] llegó a ser la canción lema de mi corazón.

No es de sorprender, entonces, que la primera vez que me encontré con esos muchachos en los Estados Unidos yo llevara puesta una camiseta con el nombre de Delirious? estampado, lo que me hacía aparecer como una mujer medio loca, pero es que en realidad ellos habían causado una profunda impresión en mi corazón. Y su influencia continúa acercándome momentos especiales, como el que ocurrió el año pasado cuando le envié a Martin una nota desde el mismo corazón del África del este, donde Mark y yo trabajábamos para Compasión Internacional, para hacerle saber que estábamos en Ruanda, y que había cientos de huérfanos cantando «Cantaré de tu amor por siempre». La fuerza que tiene una canción poderosa nos deja sin respiración.

A través de los años, Mark, yo misma, y nuestras hijas hemos tenido el gran privilegio de compartir con ellos la plataforma, las vacaciones, nuevas canciones, momentos de risa, comidas, y experiencias de estar tanto en las alturas como en el valle. Los consideramos entre nuestros amigos más cercanos, y estaremos eternamente agradecidos a Dios por el regalo que son para nosotros.

Sus canciones continúan apareciendo («Our God Reigns» [Nuestro Dios reina] es algo que no nos podemos perder), la revelación continúa fluyendo, sus decisiones dentro del liderazgo son valientes e inspiradas, sus familias crecen en fe y en número, y el mensaje de estas canciones nunca deja de confrontar cualquier mediocridad que sea tentada a establecerse en los lugares más secretos de nuestros corazones. Gracias, Delirious?, gracias por mantenerse en el debido curso y pagar el precio, y gracias por las incontables horas dedicadas a conducirnos a tantos de nosotros a los atrios gloriosos de nuestro Rey. Personalmente, estoy llena de gratitud.

Desde el corazón,

Darlene Zschech

P.D. *¡Creo que nunca logré acabar con ese planchado!*

Introducción

Esta es un pregunta que nos hemos hecho durante siglos: ¿De dónde proviene la inspiración? ¿Se trata de pura casualidad el que una melodía llegue, saliendo de la nada, y elija a un individuo para aterrizar sobre él y canalizarse hacia el papel a través de una lapicera?

La opinión de Keith Richards, de los Rolling Stones, es que uno simplemente levanta su «antena» y capta en el aire lo que ya está flotando alrededor, en la atmósfera. En un sentido, no podemos estar en desacuerdo con esa filosofía, dado que tanto Stu como yo tenemos memoria de esos momentos de pura inspiración en la que no nos atrevíamos ni a ir al baño por temor a perder algo o salirnos de la «zona artística».

Pero también hay otro costado, y es la cuestión del *oficio*. Puede que esto sorprenda a algunos, pero el escribir canciones es un trabajo duro. Se pasan horas volcando ideas en cuadernos, trozos de papel o servilletas, y grabando en dictáfonos o consultando diccionarios de rima. Algunas canciones pasan a ser directamente descartadas, o se las vuelve a escribir, se les da un ritmo más acelerado o más lento, y el coro de una puede llegar a intercambiarse con la estrofa de otra.

Sea inspiración o transpiración, todo arte se crea a partir de la vida. La vida de un compositor de canciones es como una gran esponja que absorbe todo lo que ve y oye. Y es esa esponja la que nosotros estrujamos para extraer nuestras canciones y todo lo que queremos transmitir. Este libro tiene el propósito de ser una ventana abierta hacia las vidas que se hallan detrás de las canciones. Para echarle un vistazo a la celebración y a las luchas que implica el llevar una vida con Dios.

Esperamos que disfruten de estas historias que tienen que ver con nuestra trayectoria hasta aquí y con las canciones compuestas a lo largo del camino. Gracias por cantarlas a través de los años y por permitir que se convirtieran en parte de la música de fondo de sus vidas. Nos sentimos honrados hoy, y siempre lo estaremos.

¡Una feliz lectura!

CAPÍTULO 1

Cantaré de **tu amor** por siempre

Martin Smith

El tiempo estival siempre resulta fantástico, y recuerdo el verano de 1993 de un modo especial, porque para esa época ya había estado saliendo con Anna por unos seis meses. ¡El amor flotaba en el aire!

Había sido invitado por su familia a pasar una semana de vacaciones en Devon (al sudoeste de Inglaterra), en una antigua casona sobre la ladera de una montaña boscosa que se elevaba por encima de un estuario. Mi compañero de cuarto durante esa semana fue Jon (el hermano menor de Anna), que solo tenía 17 años en ese entonces, y me hizo descubrir el arte de dormir hasta pasada la una de la tarde. Jon todavía es capaz de vencer a cualquiera en el premio a la hibernación más prolongada.

Una tarde decidí ascender a la montaña que se levantaba detrás de la casa para poder apreciar todo ese hermoso paisaje. En ciertas ocasiones de la vida, uno toma conciencia de que el tiempo puede volverse lento hasta el punto de parecer haberse detenido; y yo estaba en uno de esos momentos. Al verme rodeado de tanta belleza, que apreciaba en las ondulaciones de las montañas y en los ríos que corrían hacia el mar, simplemente tomé conciencia de lo asombroso que es Dios y del esplendor que se percibe en su creación.

Sobre montañas y el mar, tu río fluye para amar... Las palabras me vinieron solas, y el resto de la canción se completó en pocos instantes, como caída del cielo. (No recuerdo que esto me hubiera sucedido jamás; la mayoría de las canciones precisan de algunos meses para convertirse en algo presentable.) *Cantaré de tu amor por siempre* fueron las palabras del coro dentro de los mismos acordes, como una expresión de lo sorprendente que resulta conocer y experimentar el amor de Dios.

Luego de componer esta canción, recuerdo haber guardado la guitarra y el cuaderno con los versos para volver a la casa y encontrarme con todos. Sarah (la hermana mayor de Anna, que se casó con Stew, nuestro baterista) me ofreció una taza de té y me pidió escuchar ese nuevo proyecto musical. Lo toqué completo, y a ella le pareció agradable, pero nada extraordinario.

La gente me ha preguntado con frecuencia a través de los años qué es lo que se siente al escribir una canción que trasciende las fronteras y se convierte en un himno de los tiempos modernos. Bueno, en ese momento uno está en completa ignorancia de la trayectoria que seguirá la canción, lo que es muy bueno, porque de otro modo uno podría convertirlo en algo afectado por criterios comerciales en lugar de ser una ofrenda genuina para Dios y una verdadera expresión artística. La única emoción que se experimenta inicialmente es al presentar la canción a la iglesia con la esperanza de que se conecte con la congregación de tal modo que ellos puedan utilizarla como una oración propia.

Se dice que una canción puede cambiar la vida, y creo que esta lo logró. A nosotros, como banda, esta canción nos abrió las puertas en países de los que nunca habíamos oído hablar, y le permitió a la iglesia en su conjunto hacer propio aquello que Delirious? componía, para que se escuchara la música de Dios tanto dentro de la iglesia como afuera. No es que se tratara necesariamente de la mejor canción del mundo; era una simple oración de amor a Jesús. Me parece muy loco escuchar a otros artistas interpretar mis canciones en las circunstancias más sorprendentes. Una vez encendí mi televisor para encontrarme con Michael W. Smith cantando esta canción delante del presidente de los Estados Unidos en una función oficial. En ese momento le estaba cambiando los pañales a mi hija más pequeña y pensé: *¡Qué vida extraña es esta!* En otra ocasión, estaba en el tren y sonó un teléfono celular; la música de la campanilla era «Cantaré de tu amor por siempre». Cosas como esa me hacen sentir agradecido, orgulloso y estrafalario al mismo tiempo.

En general, la gente piensa que uno es una mejor persona, o más espiritual, por haber escrito esas canciones. Pero, en realidad, el poder componer temas es un don. Las canciones de adoración son obra de la gracia de Dios. Yo tengo el privilegio de conocer a algunos de los grandes compositores de nuestra generación, y en todos ellos se percibe el mismo sentido de vulnerabilidad e introspección, y ambas cosas son necesarias para poder ser creativos y proveer a la iglesia un medio de expresión. Pero esos mismos rasgos pueden producir egocentrismo y, en ocasiones, cambios de humor que hacen que aquellos que componen canciones se vuelvan personas difíciles de tratar para sus compañeros y amigos. Para ser creativo, uno debe vivir dentro de su mundo interior, y a veces me siento avergonzado por la forma en que me cierro a mi esposa e hijos, y lo lamento. Es necesario lograr un equilibrio, y con seguridad hay gracia para alcanzarlo, porque las grandes canciones demandan el apoyo de una vida excelente. No es cierto que seamos mejores personas: ni mejores ni que estemos más cerca de Dios que cualquier otro. Simplemente tenemos el don de componer aquellas canciones que el creyente promedio siente que él también podría haber escrito.

El primer mandamiento de Jesús fue que amáramos al Señor nuestro Dios con todo nuestro corazón, con todo nuestra alma, con toda nuestra mente y con todas nuestras fuerzas (ver Marcos 12). Ese pasaje nos define como cristianos y constituye la esencia de todo lo que somos y de todo lo que podemos hacer. Para amar y adorar a Dios hemos sido creados; la salvación constituye un renacimiento completo. ¡Es como pasar del blanco y negro al color, de un sonido de escasa amplitud a un sonido ambiental estereofónico, de viajar en clase económica a viajar en primera clase! (Si hubiera alguien de British Airways que nos pudiera ayudar en este sentido, ¡hágannoslo saber, por favor!) El versículo «Porque de tal manera amó Dios al mundo» nos incluye a ti y a mí. ¡Y si eso no nos hace *danzar de alegría*, como lo menciona la canción, entonces nada logrará movilizarnos!

Llegará un momento en el que no necesitaremos más de estas canciones. Un día estaremos cara a cara con Jesús, nuestro gran Señor y Salvador, y cada uno de nosotros tendrá su propia canción de gratitud, hecha a medida, que hará eclosión desde adentro. Dios, viviremos contigo por la eternidad y *cantaremos de tu amor por siempre.*

I Could Sing of Your Love Forever

CAPÍTULO 2

esta soledad es solo temporaria...

El cielo

Stu G

¡Me complace no tener que volar hoy!

Estoy mirando las últimas noticias sobre el modo en el que los servicios de seguridad británicos han desactivado un complot para hacer estallar aviones en vuelo. Se ha detenido a veinticuatro personas conectadas con el intento de colocar bombas, y los aeropuertos se hallan en un estado de caos. ¡Me complace no tener que volar hoy!

Estas noticias me inspiraron para escribir la canción *Heaven* [El cielo]. Pero la historia detrás de la canción *Heaven* en realidad comienza en un tema anterior: *White Ribbon Day* [El día de la cinta blanca]. Habiendo crecido en los setenta, siento que no he conocido sino tensión y violencia de parte de Irlanda del Norte. El estado reciente de disturbios saltó a los titulares de todo el mundo en 1969, cuando el ejército británico debió desplegarse para ayudar a controlar los tumultos y violencia en las calles. La causa central de todo eso se encontraba en una poderosa mezcla entre el reclamo por los derechos civiles y la lucha por el control político, situación que se remontaba a algunos siglos atrás. La mayor parte de la gente en el Reino Unido fue afectada de alguna manera, y a mí tampoco me faltaron algunas propias experiencias tristes. En los ochenta perdí a un compañero de escuela que se había unido al ejército y murió por la explosión de una bomba colocada por el IRA. Tuve otro amigo que trabajaba en Harrods cuando el IRA detonó otra bomba en esa tienda. Unos pocos años después, estaba sentado en la sala de mi casa de la calle Hornsey Road, en la zona norte de Londres, cuando todo el edificio tembló por la explosión que destruyó el Bishopsgate, en el corazón financiero de la ciudad, a unas millas de distancia. Luego, en marzo de 1994, mientras tomaba una clase relacionada con pruebas de electricidad en un hotel cercano al aeropuerto de Heathrow, el IRA introdujo un camión en el estacionamiento de la estación aérea y comenzó a arrojar disparos de mortero sobre las pistas. ¿Eran terroristas o gente que luchaba por la libertad?

Todo lo que sé es que se perdieron vidas y que la gente vivía aterrorizada. Tanto los republicanos como los leales al gobierno llevaban a cabo atrocidades terribles.

Esta es una cuestión difícil, y no pretendo ser un experto con respecto a ella; en realidad, siento que no sé nada. ¡Pero conozco a un hombre que sí sabe!

Se trata de Simon Trundle. Actualmente Simon es pastor de una iglesia en Northamptonshire, pero lleva una doble vida. Es consultor antiterrorista de algunos gobiernos y ciertas instituciones corporativas importantes. Como experto en balística y en seguridad, viaja a través del mundo asesorando a los gobiernos sobre puntos que generan violencia y problemas, y él dirige el programa de prueba de explosivos comerciales en el Reino Unido. Sus colegas lo llaman cariñosamente el pastor explosivo. Mientras vivía en Irlanda del Norte, su compañía diseñó y construyó las defensas de seguridad de los cuarteles militares y de los puestos policiales. La familia Trundle vivía y trabajaba en Belfast, y a causa de su empleo, Simon mismo constituía un blanco para el IRA. De hecho, un amigo suyo fue asesinado mientras conducía el automóvil de Simón, en un caso de confusión de identidades. Este suceso trágico afectó profundamente a Simon. Él sobrevivió a tres atentados distintos contra su vida, y fue durante ese tiempo que llegó a encontrar la fe.

Conocimos a Simón en 1996, en una presentación que hicimos en Bedfordshire. Martin había escrito *White Ribbon Day*, luego de leer un artículo en las noticias acerca de las marchas por la paz en Irlanda del Norte, en las que todos llevaban una cinta blanca. Incluimos esa canción dentro de las que interpretamos esa noche, y Simón quedó tan impactado por ella que nos buscó al finalizar y nos dijo: «¡Esa canción tiene que salir como un single!» Inmediatamente nos proveyó el dinero para echar a andar el proyecto. Andy Piercy nos ayudó con la producción; él conocía a un hombre llamado Tony Patoto, del estudio Total Records de Londres. Fue el comienzo de nuestra incursión en el mercado de los singles, y también marcó el comienzo de una hermosa amistad con Tony P.

White Ribbon Day llegó al puesto 41; tal vez un poco desalentador, pero era algo para comenzar. Estábamos ansiosos por poder tocar en Irlanda, y, por supuesto, las invitaciones comenzaron a llegar. No me acuerdo mucho sobre nuestras presentaciones allí, pero sí recuerdo los lugares a los que fuimos la gente que conocimos. Simon, muy amablemente, nos llevaba, en su rol de conductor y guía turístico; ¡gracias a Dios, no nos dijo nada acerca de que realizaba controles en busca de aparatos explosivos cada mañana antes de partir en el automóvil, dado que todavía era considerado un blanco de ataques! Pero el conocimiento que tenía de la historia de Irlanda nos resultó fascinante. Cada camino con el que nos encontrábamos parecía tener su propia historia. Había grandes murales en la fachada de las casas, los cordones de las veredas estaban pintados con los colores de la bandera de la unión o con los de la bandera de la República de Irlanda, se hallaban puestos de control del ejército en los centros comerciales y un único helicóptero revoloteaba sobre la calle Falls Road, lugar que jamás olvidaré.

Mientras recorríamos Falls Road en automóvil o a pie (y esta es la principal arteria que atraviesa la zona oeste de Belfast, lo que es sinónimo de problemas) podíamos sentir literalmente la lucha que se libraba allí. Se la percibía en el aire que respirábamos y en las veredas por las que caminábamos. Las tensiones, sufrimientos, injusticia, violencia y orgullo nos miraban a la cara. Comencé a reflexionar en voz alta sobre el hecho de que solo Dios está en todos lados al mismo tiempo, y que el diablo, como ser creado, solo puede estar en un lugar a la vez. Dije: «Saben, hoy siento que estamos caminando por una calle por la que pasó el diablo».

Martin me dijo: «¡Eso suena a una canción!». Y comenzamos a hablar acerca de los contrastes: debemos vivir en medio de la lucha, haciendo lo mejor que podemos, pero sabiendo que un día todo acabará y Dios enjugará toda lágrima de nuestros ojos (ver Isaías 25:8 y Apocalipsis 7:17). *«El cielo es mi hogar y allí no pasaremos vergüenza»* Suena a algo dicho a la ligera, como para tratar de arreglar las cosas, algo como: «¡No te preocupes, un día todo esto pasará!» Aunque sea verdad, no es eso lo que intento transmitir.

Al viajar por el mundo, pasamos por varios países en los que la gente ha sufrido terriblemente: Ruanda, Croacia, Sudáfrica, y, por supuesto, Irlanda del Norte, por mencionar algunos. En todos esos sitios percibimos lo mismo:

El mismo aire enrarecido, el mismo espíritu de temor, y la misma historia de atrocidades cometidas mientras los gobiernos cerraban los ojos. Nuestro amigo Simón dice que la primera pérdida que se da como daño colateral en la guerra es la verdad; la segunda son los civiles: seres humanos comunes y corrientes como tú y yo, que sufren, se desangran y mueren.

Los niños han visto morir a sus padres en explosiones, por disparos de arma de fuego o atacados con armas blancas. Las frases elocuentes y los clisés no funcionan en estos sitios. *Los niños han visto cosas que no deberían haber visto jamás.* Así que, es cierto, un día todo va a acabar, pero no suscribamos a este estilo de pensamiento: «¡Soy cristiano, sáquenme de aquí!» No tenemos otra posibilidad que estar aquí ahora; ¡este es nuestro tiempo! ¡Esta es la vida que nos toca vivir! Y esta es también nuestra oportunidad para establecer una diferencia.

Jesús nos enseña a orar: «Venga tu reino. Hágase tu voluntad, en la tierra como en el cielo». Es a través de nuestras vidas que el cielo viene a la tierra. Dos mil años atrás, doce seguidores de Jesús pusieron al mundo de cabeza. ¿Cuánto más podríamos hacer nosotros hoy?

CAPÍTULO 3

¿Han temblado las **montañas**?

Martin Smith

Era enero de 1994 y Tim, Stew y yo tocábamos en un encuentro conocido como *Pioneer South* (Sur pionero). Esto constituía una oportunidad para que todas las iglesias locales de la costa sur de Inglaterra se juntaran y llevaran a cabo una gran noche de enseñanza y adoración. El lugar del encuentro era el salón de un antiguo y deteriorado cabaret ubicado en un campamento de vacaciones en Bognor Regis, que se completaba con un escenario giratorio y cortinas de terciopelo rojo. Esa noche, mientras yo dirigía desde el frente a miles de personas que cantaban a Dios desde sus corazones, un hombre se adelantó, saliendo de la penumbra. Tomó el micrófono, me miró a los ojos y dijo: «Veo suceder milagros cuando tú tocas la guitarra... las montañas tiemblan cuando levantas la voz y cantas». Ese fue uno de aquellos momentos en los que Dios me habló tiernamente y me confirmó pensamientos y emociones que estaban dentro de mí pero que yo no sabía cómo expresar. Aquella expresión «las montañas» realmente me cautivó, y la escribí en mi cuaderno de canciones, el que tenía lleno de notas registradas en pequeños trozos de papel.

Llegó el verano y me preparé para casarme con mi prometida, Anna Thatcher. Habíamos comprado un apartamento de dos dormitorios en una pequeña población llamada East Preston y estaba acondicionándolo para el gran día en el que Anna se mudara conmigo cuando nos convirtiéramos en marido y mujer. La iglesia en esa época estaba dividida en tres congregaciones, y nos reuníamos en el salón de una escuela del pueblo todos los domingos. Uno de esos domingos, mientras llevaba el teclado de Tim, le pregunté a mi compañero si podía hacerle oír una nueva canción. Comencé a cantar: *¿Has sentido temblar las montañas, has oído rugir al mar?* Una amplia sonrisa comenzó a resplandecer en su rostro, seguida de exclamaciones de júbilo, y luego una pequeñas cabriolas y saltos. Acabé la canción y ambos reímos, porque sabíamos que Dios nos había dado algo especial para la iglesia y para nuestros jóvenes.

La siguiente semana tendríamos nuestra reunión mensual de *Cutting Edge*, en la que todos los jóvenes del área se reunirían para entregarse a adorar a Dios. La banda tocó esa canción por primera vez, y debemos haberla estado cantando durante cuarenta y cinco minutos, mientras olas del Espíritu Santo fluían sobre el auditorio. Una generación hambrienta de Dios *deseaba abrir las puertas* para permitir que el mundo conociera este magnífico evangelio. Isaías 54:10 dice: «Aunque cambien de lugar las montañas y se tambaleen las colinas, no cambiará mi fiel amor por ti ni vacilará mi pacto de paz, dice el SEÑOR, que de ti se compadece».

Esos eran tiempos en los que los cielos se abrían y nadie sabía lo que iba a ocurrir a continuación. En parte, debido a que no queríamos adelantarnos por premura, y en parte, por nuestra inexperiencia, a menudo se creaban espacios de espera en silencio de unos diez minutos, en los que disfrutábamos de la sorprendente presencia del Señor y anhelábamos desesperadamente escuchar su voz. Se estaba conformando el ejército de Dios; y, más o menos cada dos meses, Dios nos daba visiones y sueños, sanaba heridas, nos hacía libres para poder danzar, y nos pedía que le entregáramos la vida. Ese era el tiempo, ese era nuestro tiempo, y nosotros fuimos la generación del avivamiento. Ya no era propio que guardáramos lo que teníamos para nosotros mismos: íbamos a dejar salir esa explosión santa, llevando la alabanza y la adoración de los santos a las calles para que la gente común la escuchara. Poseíamos una intrepidez que trascendía nuestros pocos años, y creíamos que Dios verdaderamente estaba vivo y podía sanar, salvar y liberar, ya fuera colocándonos ante el altar los domingos a la mañana o en cualquier otro momento de nuestras vidas cotidianas. *Jóvenes y viejos se volverán a Jesús*, proclamábamos, y no se trataba de una cosa de jóvenes sino de toda la iglesia, no era una cuestión relacionada con las denominaciones sino con Jesús, no tenía que ver con un movimiento religioso sino con un despertar del Espíritu Santo, y todos estábamos juntos en ello.

El año del Jubileo era, en el antiguo Israel, un tiempo en el que las pertenencias y la tierra volvían a los dueños originales y quedaba limpia y clara la foja de antecedentes de cada uno. La gente tenía la posibilidad de comenzar de nuevo. ¡Qué extraordinariamente simbolizada aquello al pueblo de Dios que regresaba a él y comenzaba de nuevo, salvado y lleno del poder del Señor! El Jubileo (o sea, la posibilidad de recomenzar bajo el poder de Dios) fue lo que experimentamos; vimos, oímos y sentimos el poder del Espíritu Santo actuando a través del pueblo de Dios.

CAPÍTULO

4

Lo fantástico es que no tenemos que hacerlo solos, sino con un tremendo Rey a nuestro lado, que fue él mismo coronado de espinas, acusado falsamente, burlado y ridiculizado por las multitudes. En nuestra travesía no debemos olvidar que nuestro constante compañero es *el Rey más grande de todos los que existen*.

CAPÍTULO 5

Majestad

Stu G

Recientemente escuché una prédica del pastor John King, de Peoria, Illinois, en la que hablaba acerca de esos momentos de la vida en los que uno queda estupefacto, completamente sin palabras.

Me recordó el modo en que el mundo presenció los acontecimientos del 11 de septiembre, sin poder creer lo que estaba pasando. Tengo en mi memoria exactamente el lugar en el que yo me encontraba en ese momento: en la cocina de Furious Records, mirando la televisión, con total desconcierto e incapaz de dar crédito a lo que veían mis ojos.

Cuando el pastor John mencionó las ocasiones en las que había estado en comunidades privadas de todo privilegio, eso llevó mi mente al tiempo que el grupo Delirious? pasó por la India, cuando tuvimos el honor de participar en un programa de alimentación dirigido a niños de los barrios bajos de Hyderabad. Aun en medio de horrendas condiciones, esos niños se mostraban tan felices con tan poco, que yo no podía hablar mientras servía el arroz en sus platos.

También recordé la ocasión en que Martín y yo quedamos sin palabras ante el monumento conmemorativo del genocidio de Kigali, Ruanda, lugar en el que están enterradas 250.000 víctimas del genocidio de 1994. Quedamos ahí parados, meditando en la habilidad humana para dañar al prójimo.

Me identifiqué con el pastor John cuando hablaba sobre el día de su boda, y del momento en que se volvió para mirar a su esposa que caminaba hacia él por el pasillo central de la iglesia: ¡se quedó sin palabras! Y no muchos años después, al ver nacer a sus hijos, experimentó la misma reacción. Yo también recuerdo ese sentimiento de indefensión y admiración reverente y silenciosa que se experimenta, mezclada con gozo y con el más grande amor que uno pueda experimentar.

Pero luego él continuó diciendo que no hay nada sobre la tierra que se compare con el momento en que nos encontramos cara a cara con la gracia de Dios, con ese amor inmerecido que nos invita a entrar en la presencia majestuosa de Dios, y nos capacita para ello.

Yo experimenté ese encuentro a fines de 2002, en nuestro negocio. Había armado un pequeño espacio para tratar de componer algo para nuestro próximo álbum. Para ser sincero, mi año de giras no había sido muy bueno. Me había retraído un poco sobre mí mismo, y creo que nuestras presentaciones sufrieron por esa causa. El pobre Martín andaba por ahí, dándolo todo de sí mismo y mirándome para ver si conseguía algún apoyo de mi parte, o si lograba subirme al escenario de algún festival para compartir unos momentos de rock, sin conseguir más que una respuesta a medias. Yo sentía que lo estaba defraudando.

Había un buen número de razones por las que mis presentaciones habían resultado bastante menos que inspiradas. Poco tiempo atrás, me había mudado con mi familia a una casa y había pasado todo un año haciendo reparaciones y remodelando por las noches, así que me sentía físicamente agotado. Al mismo tiempo, estábamos haciendo *Audio Lessonover* (que se difundió como Touch en los Estados Unidos), lo que constituía una experiencia estresante, dado que en realidad no reuníamos a las personalidades en el estudio. Además, un buen amigo decidió dejar a su esposa, que también era una buena amiga, y varios otros amigos cercanos se mudaron. Pues bien, nosotros, los sujetos dados al arte, pensamos demasiado cuando este tipo de cosas suceden y a veces acabamos encerrándonos dentro de nuestras propias vidas, aunque tengamos el empleo más extraordinario del mundo. Así que allí estaba, en mi pequeño cuarto; comencé a agradecer a Dios por mantener control sobre todas las cosas, por mi vida, por mi familia, por mis compañeros de la banda, y por todo lo que habíamos visto y vivido en los pocos años en los que habíamos estado juntos.

Antes de que pasara mucho, percibí una presencia tal en el cuarto que supe que estaba ante el Rey. Tuve conciencia de que no merecía estar allí, pero también supe que el Rey quería que estuviera.

Comencé a escribir, para expresar cómo me sentía: *Aquí estoy, humillado ante ti, mas tu gracia está sobre mí; aquí estoy, sé que soy un pecador, limpio por tu sangre, Señor.* Se trata de lenguaje bíblico, lo sé, pero me pareció muy apropiado. Me encanta el hecho de que Dios nos ame tal como somos, sin hacer preguntas. Algunos años atrás tocamos en la comunidad Toronto Airport Vineyard, y estando allí alguien me profetizó desde la plataforma. Dijo: «No sé lo que esto signifique, pero oigo vez tras vez las palabras de esta canción de ustedes. Creo que Dios está diciendo: "No intenten cambiar para tratar de agradarme; los amo tal como son"».

Volviendo a mi cuartito, comencé a tocar unos pocos acordes y la canción se compuso sola. *Ahora sé que no hay otro amor igual, te diste tú por mí, regalo celestial.*

Me encanta aquel viejo himno de Charlotte Elliott «Tal como soy, sin más decir», con sus estrofas escritas en estilo antiguo; realmente describe una genuina experiencia de gracia.

Hay un par de estrofas que realmente me parecen destacadas:

Tal como soy, sin más decir.
Que a otro yo no puedo ir.
Y tú me invitas a venir;
Bendito Cristo, vengo a ti.

Y más adelante:

Tal como soy, en aflicción,
Expuesto a muerte, perdición.
Buscando vida, paz, perdón,
Bendito Cristo, vengo a ti.

Tal sinceridad y comprensión resultan refrescantes y muy necesarias. Yo deseaba que nuestra nueva «canción sobre la gracia» reflejara el corazón de ese himno.

Charlotte escribió esa canción en 1835, solo unas pocas semanas después de haberse convertido en cristiana, cuando la sensación de haber sido perdonada todavía estaba fresca en su memoria. Me identifiqué con ella, por haberme chocado de frente con la gracia de un modo similar.

Comencé a pensar acerca del perdón. En el Padrenuestro, Jesús dice: «Perdónanos nuestras deudas, como también nosotros hemos perdonado a nuestros deudores» (Mateo 6:12). ¡No había notado antes que el perdón de Dios está ligado a la manera en que yo perdono a otros! Fue una revelación para mí, y una verdad que intento (no siempre con éxito) poner en práctica. *Aquí estoy, humillado por el amor que me das, perdonado para perdonar.* ¡Quiero extenderles el gozo del perdón a aquellos que me han ofendido! Probé la canción en la iglesia para ver si funcionaba, y los muchachos estuvieron fantásticos porque la incluyeron en el álbum *World Service* [Servicio al mundo]. Martín y yo trabajamos juntos en algunas de las líneas y le dimos vueltas al coro hasta dejarlo como está ahora. Realmente no me importaba que no le gustara a nadie o que no lo cantaran: era una canción para cantarla yo mismo, desde el corazón. Pero unos pocos meses después llego al puesto número uno en el ranking de descargas de mp3 relacionadas con rock en guitarra. ¡Así que a algunos debe haberles gustado!

CAPÍTULO 6

Hacedor de historia
Martin Smith

Cuando Jesús vino a la tierra como un niño, nadie podía imaginar el impacto que él iba a causar sobre la cultura y sobre la vida de miles de millones de personas en los siglos por venir.

Nos hacemos esta pregunta: ¿Puede alguien cambiar algo hoy? ¿Esto es todo lo que hay? ¿Podemos acomodarnos dentro del sistema y la cultura en la que vivimos, y simplemente ver cómo todo sigue su curso delante de nosotros hasta que dejamos el planeta?

Todos conocemos la respuesta: *no*. Pero, sin embargo, tenemos miedo de los desafíos y sacrificios que implica el ser parte de ese cambio.

Resulta mucho más fácil sentarnos y permitir que otros lo hagan. Jesús demostró que se puede realizar (¡admitamos que ayudaba un poco el hecho de que él fuera el Hijo de Dios!). Pero tuvo que dar su vida en la cruz para lograr el cambio más radical que el planeta ha presenciado o presenciará. Él le dio a la humanidad la oportunidad de alcanzar la vida eterna, de ser liberada del pecado y del egoísmo que nos separa de Dios mismo. Nos mostró que no se obtiene la salvación por observar un determinado número de reglas, sino por amistad, por entrega y compromiso con Aquel al que amamos. Cuando hablamos acerca de hacer historia, Jesús constituye el ejemplo más acabado. Nuestra tarea es identificar dentro de nuestra cultura aquellas cosas que precisan un cambio y entonces realizarlo, actuando como las manos de Cristo en cualquier situación en la que nos encontremos. Una manera podría ser defendiendo a alguien al que todos ridiculizan en la escuela, o ejerciendo presión sobre el gobierno con respecto a un cambio en las leyes concernientes a la pornografía.

Un amigo mío de Australia, Mark Zschech, es un moderno hacedor de historia porque percibe lo que necesita ser cambiado y hace algo al respecto. En 1994 hubo un genocidio masivo en Ruanda: se mataron 800.000 personas durante un período de cien días, aunque el resto del mundo permaneció en ignorancia de esta atrocidad. Mientras visitaba Ruanda en 2006, él y su esposa, Darlene, decidieron hacer algo para ayudar a esa nación que todavía luchaba con su propio dolor. Movilizaron a su congregación, y a miles más alrededor del mundo para llevar esperanza a ese lugar de desesperación. Durante cien días, doctores extranjeros les enseñaron a los doctores locales como realizar cirugías cardíacas; muchos constructores levantaron casas nuevas para las viudas y los huérfanos; los músicos cantaron una nueva canción de liberación. Esa gente produjo cambios, un cambio real, del tipo del que leemos en los libros referidos a los héroes de los siglos pasados, ¡pero ocurrió en 2006! La iglesia actuó como iglesia, mostrando el amor de Jesús.

Este hombre común, con una fe extraordinaria en la habilidad de Dios para hacer milagros, me alienta a creer lo mismo, a pensar en grande, a creer más, a creer genuinamente que nosotros, la iglesia de Jesucristo, podemos cambiar el mundo.

¿Por qué? Porque la iglesia todavía conforma el grupo humano más apasionado y activo que existe; y la razón por la que existe no es su propio beneficio sino para llevar luz al mundo. La iglesia conforma un ejército de voluntarios que viven para un propósito más alto. Me encanta Lucas 4:18-19:«El Espíritu del Señor está sobre mí, por cuanto me ha ungido para anunciar buenas nuevas a los pobres. Me ha enviado a proclamar libertad a los cautivos y dar vista a los ciegos, a poner en libertad a los oprimidos, a pregonar el año del favor del Señor».

Quiero ser un hacedor de historia en esta tierra es la frase que muchos han cantado con pasión; es una de nuestras más antiguas canciones (1995), y la seguimos cantando cada noche que nos presentamos. A veces bromeamos diciendo que simplemente no nos podemos despegar de esta melodía. Yo escribí esa canción como el clamor del corazón de un joven que tenía su vida delante de sí;

como una oración a mi Hacedor para que me usara de cualquier manera que él considerara oportuna. En mi mente yo tenía un deseo y grandes ideas en cuanto a formar parte de la mayor banda del mundo.

La vida no resulta exactamente como lo esperamos. Después de diez años de llevar adelante una carrera musical, la pasión sigue siendo la misma, pero he cambiado mi perspectiva sobre lo que es un hacedor de historia. No se trata de grandes cosas ni de ser famoso, aunque eso sea fantástico. Los verdaderos hacedores de historia son aquellos que caminan en humildad delante de su Dios y hacen todo lo que él les pide. Conozco muchos creyentes que sirven a Dios calladamente, de manera radical, y que sin embargo nunca han recibido ningún reconocimiento. Pero ellos continúan con su misión hasta el final, con toda fidelidad.

Lo realmente clave no es la velocidad con que corramos la carrera sino el hecho de que la acabemos. Alguna vez creí que llegar a integrar una banda famosa era hacer historia, pero ahora me doy cuenta de que es más importante ser fiel a mi esposa, permanecer casado y ver que mis hijos se conviertan en hacedores de historia en el futuro. No me interpreten mal, como dice la canción, yo quiero ser parte del cambio de curso que tenga lugar en millones de vidas; quiero ver que los ciegos sean sanados y que los muertos resuciten, y también ser testigo de que las naciones se vuelvan a Jesús. Pero aceptaré el papel que Dios me pida que represente. Cada uno de nosotros es apenas una pequeña pieza del rompecabezas, y debemos ir más allá de nosotros mismos para poder insertarnos dentro del cuadro general de Dios. Manifestar *la verdad a toda la humanidad* debe ser nuestra misión, sea a gran escala o en pequeña medida. Debemos recordar que todos tenemos nuestra esfera de influencia; formamos parte del equipo de Dios que hace historia.

Me alegra que esta canción nunca pase de moda, porque nos recuerda cada noche para qué estamos aquí. En lo personal, he derramado muchas lágrimas en distintas naciones al ver el rostro de la gente en la audiencia iluminarse al saber que Dios la está alentando. La gran nube de testigos nos mira y espera, porque hoy es el día. ¡Ocupémonos en cambiar el mundo!

CAPÍTULO 7

Examíname
Stu G

Los guitarristas constituimos una casta extraña. Lo único que nos gusta es vivir rodeados de guitarras y toneladas de amplificadores, pedales, y artefactos para que la guitarra suene; bueno, ¡en realidad que no suene a guitarra! Nos gusta hablar sobre tonos, nos obsesionamos tratando de descubrir si algo suena mejor cuando utilizamos baterías o una fuente de potencia, y discutimos interminablemente sobre los beneficios de los cables de baja impedancia para los instrumentos.

He sido cliente de Charlie Chandler desde 1986. Charlie es un excelente luthier y reparador de guitarras. Junto con su hermano Doug, era dueño de Chandler Guitars, en Kew, Londres, hasta hace unos pocos años. En ese momento Doug se mudó a los Estados Unidos y Charlie inició su propia empresa, continuando con la atención a los mejores guitarristas del Reino Unido desde su negocio a la calle en Hampton Wick.

Antes del álbum *Glo*, sacamos a la venta *Mezzamorphis*. Fue una experiencia interesante grabar juntos, y constituyó a la vez una verdadera travesía de descubrimiento para mí como ejecutante. Había admirado a Lyn Nichols (nuestro hombre en Sparrow Records A&R) como guitarrista por muchos años, y tener la oportunidad de trabajar con él me pareció fantástico. Luego realizamos la mezcla con Jack Joseph Puig en los estudios Oceanway de Los Angeles; ¡éramos como niños en un negocio de dulces: toda esa cosa al estilo antiguo nos resultaba increíble! No sé por qué lo antiguo es tan bueno. Me parece que la fabricación de guitarras y amplificadores 30-plus que se realizaba años atrás implicaba mayor cuidado artesanal. Y los sonidos que lograba fraguar la industria de la música en esos años son todavía hoy los sonidos por los que morimos y aquellos que intentamos emular con la tecnología musical que producimos masivamente.

En el año 2000, Martin y yo visitamos la tienda de Chandler en Kew, y descubrimos una vieja guitarra en uno de los estantes. Era una Dobro de 1937, con un resonador de cono único, del tipo que hicieron famosos los ejecutantes de los viejos blues, como Robert Johnson. La sacamos con cuidado de su estante y se nos caía la baba al escuchar sus delicados tonos. No se trataba de un guitarra fácil de ejecutar, debido a que tenía un clavijero muy corto y grueso, pero el sonido resultaba increíble. Comencé a tocar algunos acordes en re menor.

Luego la colocamos de nuevo en el estante y nos fuimos del negocio. Poco más de una semana después tuve que volver a Londres y recibí una llamada telefónica de Martín. «Stu, ve a lo de Chandler y recoge esa Dobro. La he comprado para ti; ¡tiene algunas canciones en su interior!» ¡Gracias, hermano!

Al regresar a casa con mi nueva (vieja) guitarra, comencé a tocar de nuevo en ella aquellos acordes en re menor. Nigel Tufnel, de Spinal Tap, dice que el re menor es la más triste de las tonalidades. Jack White, de los White Stripes, dice que en re menor subyace una tonalidad triste y malvada. Beethoven escribió su Novena Sinfonía en re menor, y el Requiem de Mozart también está en re menor. Sea lo que fuere que tú creas al respecto, el hecho es que uno de los más grandes solos de guitarra de todos los tiempos, el de Pink Floyd en «Another Brick in the Wall» [Otro ladrillo en la pared], está en re menor, ¡y ese es todo el incentivo que necesito! ¡Amo esa tonalidad!

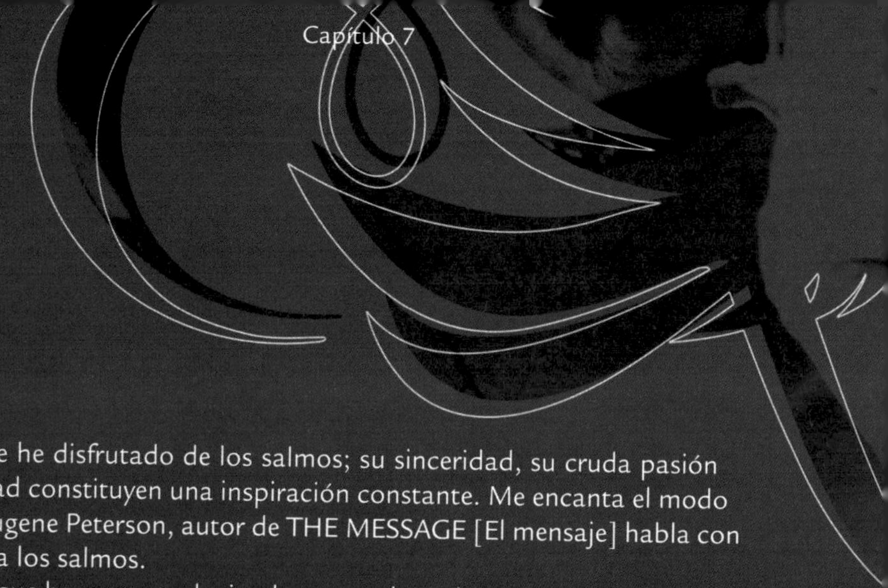

Siempre he disfrutado de los salmos; su sinceridad, su cruda pasión y veracidad constituyen una inspiración constante. Me encanta el modo en que Eugene Peterson, autor de THE MESSAGE [El mensaje] habla con respecto a los salmos.

Él dice que hay que conducir a la gente a los salmos cuando pasan por luchas en su vida de oración. No precisamos usar un lenguaje ingenioso ni sentirnos «lo bastante buenos». Solo necesitamos leer esas canciones de oración para percibir lo desesperadamente sinceras y genuinas que son las situaciones que reflejan con respecto a la vida. Resulta alentador descubrir a aquellos grandes hombres de Dios llamar a las cosas por su nombre, ya fuera que estuviesen en las mayores alturas o que se encontraran inmersos en las profundidades de la desesperación.

El salmo 139 es uno de mis favoritos. Siempre que lo leo, me sacuden las palabras «Señor, tú me examinas, tú me conoces» (v.1). O, como dice en la versión inglesa THE MESSAGE «Dios, examina mi vida; investiga los hechos de primera mano». Realmente quiero ser un «libro abierto» (v. 1, THE MESSAGE), y pensar con frecuencia que Dios examina mis pensamientos y motivos, enfocándome con un reflector. Leer este salmo me produce la sensación de que Dios ha hecho que me rindiera totalmente, que no tengo la posibilidad de escapar, y que tampoco lo deseo. Él conoce mis pensamientos; él sabe las palabras que subirán a mis labios antes de que yo hable. Él es antes que yo y quedará después de mí;

no hay lugar al que pueda escapar para huir de su presencia. Él me ha formado y sabía quién iba a ser yo aun antes de que naciera. Si pudiera volar a los confines de la tierra, él estaría allí, esperándome. El punto es que eso no me produce una sensación de encierro; por el contrario, me libera.

El Salmo 139 concluye con estas palabras:

> Examíname, oh Dios, y sondea mi corazón; ponme a prueba y sondea mis pensamientos. Fíjate si voy por mal camino, y guíame por el camino eterno (vv. 23-24).

Son palabras que expresan la determinación de un salmista que está en la travesía, con un sabor a introspección y quizás un toque de melancolía... Perfecto para una tonalidad de re menor, ¿no creen?

CAPÍTULO 8

Nuestro Dios reina

Martin Smith

«Nuestro Dios reina» es una frase con la que está familiarizado cualquiera que haya crecido en la iglesia.

Había una antigua canción en los años setenta que tenía este título. Nosotros solíamos cantarla, ya que formaba parte del lote de los «coritos» (como los llamábamos en esa época) de los tiempos modernos. Recuerdo que yo iba a campamentos de verano en los que un individuo tocaba el acordeón y nos dirigía en canciones como esta. Luego todos lo acompañábamos, cantando al estilo de los aficionados del fútbol. Lo que me pegaba fuerte aun en ese entonces era que la grandiosidad de esa frase tenía que ver con el hecho de que declaraba un absoluto. Porque se trata de una verdad irrefutable, una verdad con V mayúscula.

Al leer la exclamación de Apocalipsis 19:6 (RVR): «¡Aleluya, porque el Señor nuestro Dios Todopoderoso reina!», me pareció que había llegado el momento adecuado para transformar esta antigua verdad en una moderna canción de Delirious?. Recuerdo que después de un tiempo de haber compuesto el coro, lo canté una noche delante de unas veinte personas, en el grupo de hogar que se reunía en mi casa. Todos se unieron al canto, e inmediatamente percibí que la cosa funcionaba.

Todo lo que necesitaba ahora era añadirle algunas buenas estrofas de esas que atrapan a la iglesia y la canción estaría completa. Buscaba algo sencillo, que no implicara un desafío mayor; ¡y pronto tendríamos otro hit en las manos! Pero pasaron los meses... y nada. Intenté escribir algo por todos los medios imaginables, pero simplemente no me venía nada: ¡era como si la lapicera estuviese peleada conmigo!

Puse la canción en el estante y me olvidé de ella durante meses, preguntándome si alguna vez vería la luz del día. Pasado un tiempo, participé de una conversación muy importante que puso todas mis ideas patas para arriba. Nuestros amigos Matt y Beth Redman vinieron a comer, y comenzamos a hablar acerca del horrible genocidio que se había cometido en Ruanda en 1994. El tomar conciencia de que nosotros, en Occidente, sabíamos lo que estaba ocurriendo allí y sin embargo no hicimos absolutamente nada, nos disgustaba y nos llevaba a sentir vergüenza.

Entonces Matt sacó a relucir la cuestión del aborto y el hecho de que sabemos que la vida de millones de bebes se trunca cada año y no hacemos nada al respecto. Continuamos con nuestras vidas como si no tuviésemos poder para actuar en ningún sentido y como si no nos afectara. Sin embargo, con toda seguridad el aborto es un genocidio de los días actuales que sucede delante de nuestras propias narices. El hecho de que sea algo culturalmente aceptable, no significa que esté bien. Por ejemplo, durante años la gente fumó en sus lugares de trabajo; pero ahora sabemos que podemos contraer cáncer de pulmón al ser fumadores pasivos. La sociedad ha cambiado sus perspectivas debido a la triste realidad que nos transmiten los hechos que va registrando la historia. Ahora no se permite, ni se considera adecuado fumar en una oficina que se comparte con no fumadores. Eso nos lleva a esperar que tal vez, a gran escala, se modifique también la perspectiva que tiene la gente sobre lo sagrada que es la vida nonata.

No soy un político y no me pongo a juzgar a nadie, pero como un chispazo, me comenzaron a venir las palabras; y esas estrofas llenas de dolor, que expresaban una disfunción social, se mezclaron con un coro que manifestaba la verdad, pero también alguna medida de adulación. No terminaba de cuajar al ponerlo sobre papel; sin embargo, sabíamos que estábamos en camino a lograr algo.

La canción cubre tres áreas fundamentales de la vida, sobre las que solemos hablar con frecuencia en estos días: aborto, SIDA y cirugía cosmética. Existen otras cuestiones igualmente importantes, ¡pero no contábamos con suficientes estrofas como para tratarlas!

La primera estrofa destaca la noción de que tenemos «derecho» como raza humana decidir el futuro de los niños aún no nacidos, la noción de que esa libertad proviene del hecho de que poseemos libertad de elección. Sin embargo, las investigaciones han demostrado que nuestras acciones nos han conducido a una prisión emocional, o sea el punto opuesto exacto a la libertad a la que pensábamos que nos conducirían nuestras elecciones.

Luego, la segunda estrofa describe una imagen del ser humano del siglo veintiuno, mirando hacia el cielo y preguntándose si esta pandemia del SIDA alguna vez concluirá. Resulta atemorizador y alarmante saber que el precio que pagamos por esa comida china que nos traen a casa es el mismo que se paga por las drogas antiretrovirales que pueden cambiarle la vida a alguien. ¿Hemos cambiado nuestras conductas? No. ¿Ha cambiado nuestro sentir interior al respecto? Sí. Primero se ilumina

nuestro entendimiento, a través del conocimiento de estas cosas, y luego nuestro corazón comienza a experimentar el sufrimiento que implican; finalmente bajamos nuestras manos de la «posición de adoración número uno», y las colocamos en los bolsillos para disponernos a pagar el precio de una solución: en algunas ocasiones con tiempo, en otras usando de influencia, pero mayormente con nuestro dinero.

La tercera estrofa habla acerca de algo menos obvio, pero de alguna manera, más siniestro: nuestra obsesión por la imagen. Nadie desea volverse aburrido (y Dios ama el arrojo, la creatividad, la imaginación y la individualidad), pero nuestra cultura presenta otro problema, que es la obsesión por uno mismo. Otra vez aquí, no quiero erigirme en juez de nadie porque soy muy imperfecto en esta área, dado que el trabajo que realizo me requiere una medida de cuidado personal, y eso es bueno hasta cierto punto. Pero se trata de algo que no termino de resolver; y creo que nunca lograré hacerlo en un mundo en el que uno tiene que hacerse promoción propia. Lo erróneo es nuestra obsesión cultural relacionada con la «recomposición» de nuestra persona, que se produce a partir de la destrucción de la familia y la ausencia de amor real y de apoyo en nuestras vidas. En un sentido, no hay nada de malo en hacerse una cirugía de nariz, pero sí mucho de equivocado en pensar que eso cambiará la manera en que nos percibamos en nuestro interior. El Salmo 139 habla sobre la forma en que Dios nos entretejió en el vientre de nuestra madre (ver v. 13). Él no cometió errores cuando nos formó, pero nuestro mundo moderno nos dice que sí los ha cometido; debemos aborrecer esa mentira.

Esta canción constituye una celebración al amor de Dios, amor por su planeta y su pueblo y un coro de verdad en medio de las confusiones de la vida. La iglesia a veces se ha mantenido en silencio con respecto a un montón de cuestiones sociales, ha retrocedido, ha dejado las cosas como están, y por lo tanto ha perdido su influencia. Yo amo a Jesús y a su iglesia, y creo profundamente que *nuestro Dios reina*. Ahora depende de los santos tomar las riendas de nuevo y ser transformadores del mundo para la gloria de nuestro Dios. Solo podemos hacerlo juntos.

CAPÍTULO 9

Haz llover
Stu G

Hacia ti extiendo las manos; me haces falta, como el agua a la tierra seca.
Salmo 143:6

Es verano en West Sussex, Inglaterra, y la capa subterránea de agua se ha convertido en la más baja que hemos tenido en años. No ha llovido lo suficiente durante los últimos tres inviernos. Como resultado, se nos prohíbe usar mangueras y rociadores de jardín.

Me fastidio por tener que llenar un balde para lavar el automóvil, y porque el césped se ha vuelto color pardo. Mi esposa, a la que le encanta la jardinería, silenciosa y pacientemente se las arregla llenando tachos de agua infinitas veces cada nochecita para poder regar los maceteros y los macizos de plantas, ¡aunque le toma cinco veces más tiempo el hacerlo! El resultado de nuestra diferencia de criterios es que el automóvil no se lava con frecuencia y el césped se ve reseco, mientras que los canteros y los maceteros están completamente lozanos. ¡La paciencia verdaderamente constituye una virtud!

El verano también es tiempo de festivales. Me encantan los festivales porque todos andan de buen humor y entusiasmados por escuchar música en vivo.

El último fin de semana tocamos en un festival en la República Checa, y resultó muy bueno por dos razones. Primero, porque era la primera vez que íbamos a la República Checa; y en segundo lugar, porque se trataba de un festival inserto dentro de una de las principales corrientes, y encabezado por Robert Plant, el legendario cantante de Led Zeppelin.

Algo sorprendente le sucede a nuestro grupo dentro de un medio ambiente como ese. Parecería que hemos sido diseñados para estar allí. Permítanme explicarles lo que quiero decir.

En estos últimos años hemos dedicado la mayor parte de nuestro tiempo a tocar en recitales y conciertos cristianos, y eso es maravilloso, pero no cubre todo el espectro. En 1997 nosotros tomamos la decisión de no confinar nuestra música a la subcultura cristiana sino llevarla al mundo.

En nuestros conciertos alentábamos a los jóvenes a que *abrieran las puertas y permitieran que se escuchara la música afuera*, y sentíamos que era hipócrita animar a otros a no limitarse a sus comunidades cristianas mientras nosotros hacíamos precisamente eso, así que comenzamos a sacar sencillos para insertarlos dentro de las listas de temas de las corrientes principales. Nunca olvidaré el día en que Deeper [Más profundo] logró entrar dentro de los 20 principales. Le siguieron más singles, apariciones televisivas y giras de soporte para lograr el ascenso. Realmente nos sentíamos vivos en ese medio ambiente, con un propósito claro y el sentir de estar destinados a algo.

En el festival musical de Ostrava, en la República Checa, nos sorprendimos al ver varios centenares de admiradores de Delirious?, pero ellos quedaban totalmente sobrepasados por los miles de asistentes al festival que probablemente nunca hubieran oído de nosotros y tal vez no estuvieran interesados en el contenido de las letras de nuestras canciones tampoco. A través de los años trabajamos arduamente en nuestras presentaciones para volverlas accesibles a todo tipo de audiencias. ¡No negociamos nuestra fe, pero queremos hacer rock junto a los mejores!

Mientras tocábamos Rain Down [Haz llover], pasé por uno de aquellos momentos en los que uno de pronto toma conciencia de que forma parte de algo mucho más grande que solo los cinco componente del grupo. ¡Sentíamos que habíamos sido hechos para cosas como esas! Cuando cantamos esa línea que dice: *Veo las nubes y sé que estoy listo para danzar sobre esta tierra yerma. Llevo esperanza en mis manos*, fue como si oyera la voz de Dios dentro de mí diciendo: «Esta es la tierra seca sobre la que quiero que dances. No des por sentado que siempre tendrás estas oportunidades». Miré hacia el público y durante un buen tiempo vi grupos de personas, bebiéndose una o dos cervezas, con los brazos unos alrededor de los otros, cantando las palabras que aparecían en la pantalla. Podríamos haber dedicado todo nuestro tiempo a profetizar a la multitud, pero continuamos cantando nuestras canciones y ganándolos a través de nuestra música. Algo que nunca olvidaré es a Martin, en medio del escenario, en una pose muy roquera, invocando al Espíritu Santo para que tocara a cada uno de los que estaban allí. Cerré mis ojos y vi el amor de Dios derramarse sobre esa gente. *No cerremos los cielos sino abramos nuestro corazón.*

La semilla que dio origen a Rain down [Haz llover] se plantó durante la prueba de sonido para un festival, en algún lugar de los Estados Unidos, mientras yo jugaba con el sonido de dos cuerdas, en el que una se hace sonar abierta y sonora, y la otra sobre la madera del traste. (Me había inspirado en el último álbum de Placebo). Quedaba muy bien y seguí tocándolas unas dos veces más. Jon y Stew comenzaron a tocar junto conmigo y no pasó mucho antes de que Martin comenzara a cantar: *Haz llover alrededor de todo el mundo por el que cantamos, haz llover*. Eso continuó durante uno o dos minutos, y entonces se dio ese instante de entendimiento mutuo y silencioso en el que supimos que habíamos recibido la inspiración para una nueva canción.

Más tarde en ese día, Martin salió a correr alrededor del sitio en el que transcurriría el festival. El cielo comenzaba a oscurecerse, mientras nubes de apariencia siniestra se juntaban en el horizonte. *Parece que esta noche el cielo se está poniendo pesado*, anotó en su cuaderno cuando llegó de regreso a nuestro ómnibus de turismo. Podíamos sentir la tormenta gestarse; algo había cambiado en la atmósfera. Se levantó viento; ese aire nos rodeaba y podíamos ver la lluvia caer a la distancia. Se había creado una expectativa; las cosas parecían a punto de cambiar. Iba a ponerse un poco peligroso en un comienzo, pero finalmente llegaría una lluvia refrescante.

Sea caminando alrededor del predio de un festival en la República Checa o en la calle High Street de Littlehampton, descubro una cosa: es tiempo de cambios. Hay hambre espiritual, pero al cerrar los ojos, ¿qué es lo que vemos?

Me encanta la historia de Elías narrada en 1 Reyes 18:41-45, en un momento en el que había gran hambre sobre la tierra. Elías desafió a los falsos dioses y luego le dijo al rey: «Anda a tu casa, y come y bebe, porque ya se oye el ruido de un torrentoso aguacero» (v, 41). Elías fue a la montaña a orar y pronto su sirviente vio una nube del tamaño de la mano de un hombre en el horizonte (ver v. 44).

¿Puedes ver las nubes? ¿Puedes oír la lluvia?

CAPÍTULO 10

Ahora es
el tiempo
Martin Smith

En algunos sentidos, la frase «ahora es el tiempo» ha sido demasiado usada. La primera vez que la escuché era utilizada de un modo enérgico, no con insolencia pero sí con fuerza y autoridad.

Corría el año 1995 y un grupo de los líderes emergentes de las diferentes áreas de la iglesia en Gran Bretaña se reunían para llevar a cabo una lluvia de ideas. Se percibía una santa inquietud, una sensación de urgencia a causa del estado de la sociedad, y un interrogante acerca del modo en que los cristianos podríamos plantarnos ante esto y ser la esposa que Jesús nos llamaba a ser.

Como parte del encuentro, los organizadores planearon un evento al que llamaron Remix e invitaron a Delirious? a conducir la adoración durante los tres días de conferencias. Desde el primer acorde, todo el edificio se sacudió con la pasión que manifestaba la gente, clamando a Dios que visitara nuestra nación y avivara su iglesia. Era la juventud de Gran Bretaña que se había encendido; pero entre nosotros se encontraba un caballero mayor, un norteamericano de Texas, de nombre Dale Gentry. Generalmente pensamos que para relacionarnos con la gente joven debemos ser jóvenes también, y además tener onda, pero eso no es verdad. Dale no era joven ni tenía demasiada onda, pero a todos nos cautivó su autoridad, su actitud sincera y humildad, además de su capacidad para comunicarnos la eterna voz de Dios.

«¡Ahora es el tiempo; ahora es el tiempo!», proclamaba, y sus palabras golpeaban a la multitud como balas que rebotan contra las paredes. «Esta es la generación del avivamiento; ahora, ahora, ahora es el tiempo». La multitud fue sacudida de una manera sorprendente. Algunos estallaban en aplausos, otros cantaban, otros quedaban postrados sobre el piso, y prácticamente todos lloramos. Dios estaba en ese salón y había logrado captar nuestra atención.

Mientras todo esto sucedía, Jon y Stew seguían aporreando sus instrumentos, según la rutina, y Stu G lagrimeaba detrás del amplificador de su guitarra, haciendo sonidos y melodías que imitaban el clamor del corazón de todos los

que estábamos en ese lugar. Tim ejecutaba sonidos en las cuerdas que inundaban el sitio como un baño tibio luego de un partido de fútbol. Lo que resultó especial en ese fin de semana fue la inclusión en la banda del DJ Kenny Mitchell, que nos hipnotizó con su habilidad, haciendo girar vinilos en las consolas, con giros y agudos en el mismo espíritu que David con su arpa, que detenía al enemigo y permitía que el cielo descendiera. Recuerdo que sentí un temor reverente a causa de lo que sucedía detrás de mí, y estaba aún más maravillado por ver que Dios tomaba tan en serio el poder de la música, y que había convocado a cinco muchachos comunes de Littlehampton para usarlos. «Ahora es el tiempo» resonó en mis oídos a través de los años, hasta el 2004, en que grabamos The Mission Bell [La campana de la misión].

Los vientos soplan otra vez fue siempre la primera línea de la canción, pero las frases que siguieron necesitaron ser rescritas varias veces durante el proceso de grabación. A mí esta canción me suena, en esencia, a un «Hacedor de historia, segunda parte»; constituye un llamado a los creyentes a creer en lo que creemos: *un pueblo que se anima a creer que podemos cambiar el futuro*. Este tremendo evangelio al que amamos todavía sigue siendo pertinente hoy y es nuestra única esperanza de salvación.

Pero, para hablar con sinceridad, pienso que debemos ir más allá de solo predicar este evangelio. Lo que quiero decir es esto: ¿Qué significa realmente seguir a Dios en medio de nuestra cultura moderna? ¿Qué implica eso en un mundo inundado de materialismo y actitudes consumistas, de una moral post cristiana, de una situación de destrucción de la familia y de un egoísmo que alimenta una respuesta a medias al llamado de Dios sobre nuestras vidas?

Es *tiempo de que nosotros brillemos*, de que nos pongamos de pie y seamos tenidos en cuenta en los pueblos y ciudades en los que vivimos, de que nos entreguemos enteramente a un cuerpo local de creyentes para que juntos podamos establecer una diferencia significativa. Esto no se puede lograr en soledad y aislamiento sino en unidad, cuando la iglesia se toma de la mano sobrepasando las diferencias denominacionales y se vuelve una por el bien de la Gran Comisión.

Se ha hablado mucho dentro de la comunidad cristiana con respecto a escribir más canciones sobre la injusticia y otras cuestiones sociales. ¿Resulta posible componer cantos congregacionales referidos a la pobreza, al sufrimiento o al tráfico de niños sin estropearle los domingos a la gente? ¿Es posible destacar algunas cuestiones para que con el tiempo nos bajen de la cabeza al corazón, de modo que comencemos a responder a ellas del mismo modo en que lo hubiera hecho Jesús?

Me encanta la imagen de una ciudad que brilla sobre un monte, alumbrando a todo su alrededor. Mateo 5:16 dice: «Hagan brillar su luz delante de todos, para que ellos puedan ver las buenas obras de ustedes y alaben al Padre que está en el cielo». Eso es lo que la iglesia está en capacidad de hacer mejor que cualquier otra organización del mundo, y debemos *brillar como el rostro divino de Cristo*. Durante este asombroso proceso de iluminación «todos nosotros, que con el rostro descubierto reflejamos como en un espejo la gloria del Señor, somos transformados a su semejanza» (2 Corintios 3:18). Cuando eso sucede, comenzamos a responder a la injusticia y a las enfermedades de la sociedad brillando con la luz de la justicia de Jesús y con su compasión, oponiéndonos a las tinieblas para que retrocedan, y siendo *el milagro de la luz*.

CAPÍTULO 11

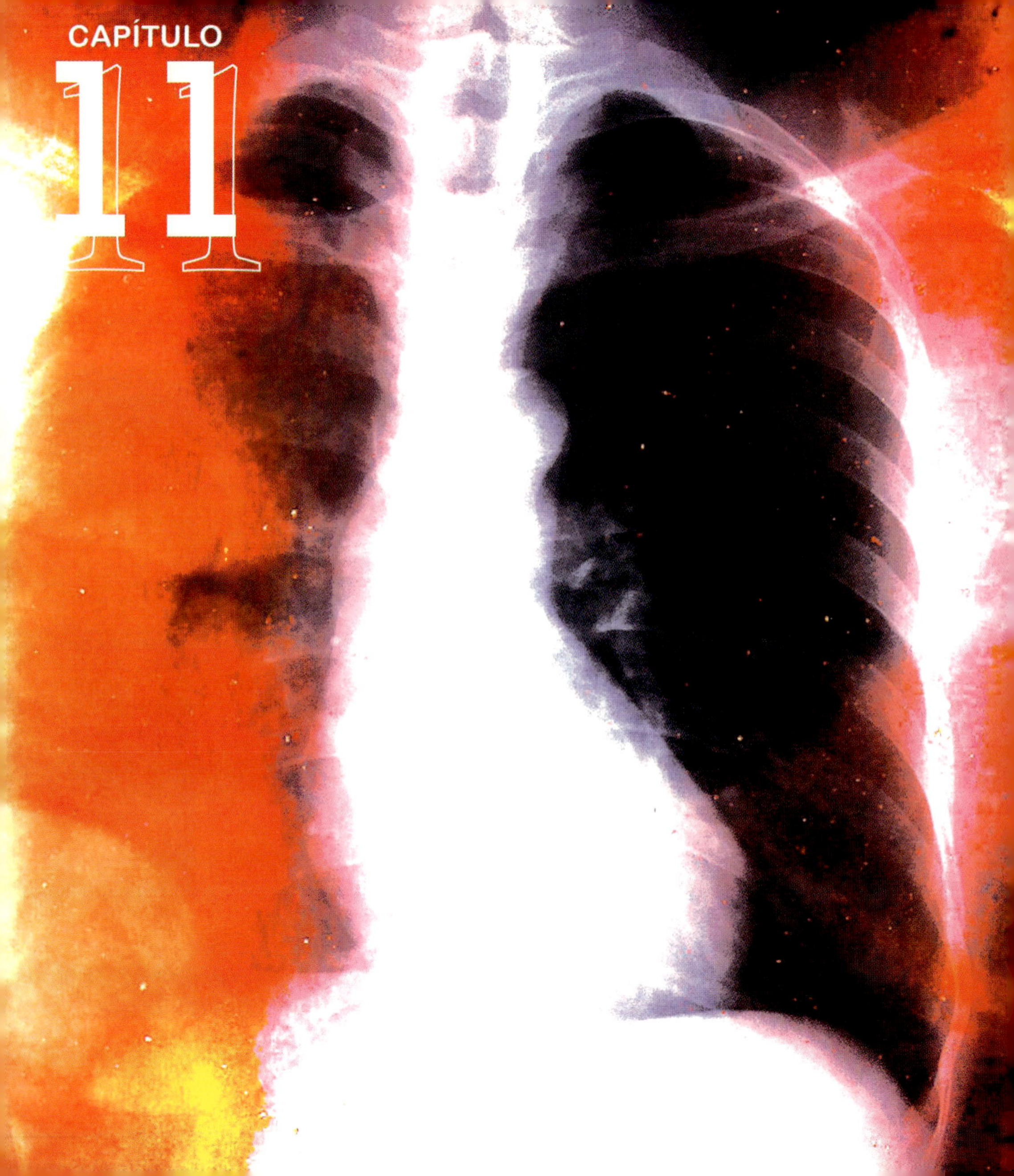

Hacedor de milagros

Stu G

Mientras escribo esto, mi papá está en el hospital. En este preciso momento los doctores le realizan una biopsia para determinar si un tumor que tiene es maligno. Es muy probable que se trate de un linfoma, o sea, un cáncer.

Ya está. ¡Me anime a decir esa palabra terrible! No sé cómo me siento, y no sé ni lo que pienso. Aunque salí de la casa de mis padres hace más de veinte años, mi padre siempre ha estado allí, en la otra punta de la línea telefónica, para aconsejar cómo hacer la mezcla de arena y cemento, o para indicarme cómo arreglar algo en mi cocina, o para comentar un partido de fútbol, o simplemente para que sepa que está ahí. Creo que las cosas se me harán más claras después de que tengamos los resultados. Por ahora, estoy orando por un milagro, cruzando mis dedos y confiando en los médicos, todo junto.

Un par de semanas atrás, mientras Delirious? realizaba una corta gira por los Estados Unidos, mi padre me envió un correo electrónico para informarme que había estado sintiéndose mal por algún tiempo y que su doctor lo había enviado a ver un especialista en el hospital. Él hizo esa primera consulta, y ahora era necesario realizarle más exámenes y una biopsia para ver qué es lo que le sucedía. Le respondí diciéndole que esa noche tocaríamos la canción Miracle Maker [Hacedor de milagros] dedicada a él.

Me retrotraje entonces a noviembre del 2004, en Phoenix, Arizona. Al acabar de probar el sonido, Martin y yo nos quedamos sobre el escenario, tocando una nueva secuencia de acordes una y otra vez. Martin me preguntó: «Stu, ¿recordarás esto?» Le dije que sí, mientras en realidad pensaba: *¡Espero poder!*

En enero del 2005, en los estudios ICC Studios Eastbourne, en medio de las sesiones de grabación de *The Mission Bell* [La campana de la misión], Martin me dijo: «Me encantaría componer una canción llamada Miracle Maker [Hacedor de milagros]. ¿Recuerdas la secuencia de acordes que tocamos en Phoenix?»

Le dije: «Sí, me parece que sí»; ¡esperaba lograrlo! Más o menos una hora después habíamos compuesto y grabado «Miracle Maker». Ese fue uno de los mejores momentos que jamás hayamos pasado en un estudio, realmente un momento sagrado, y todavía se me pone la piel de gallina cuando pienso en eso.

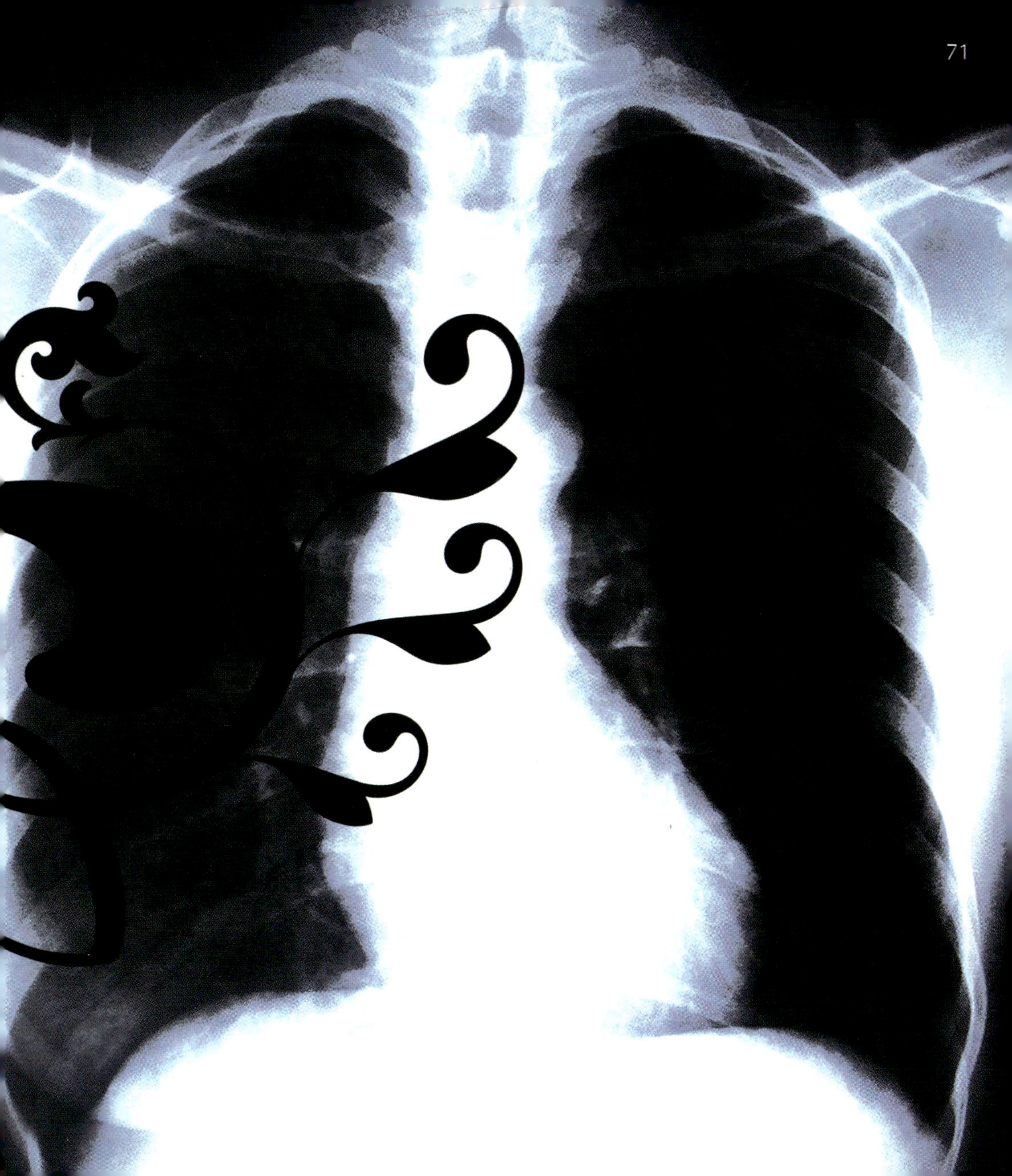

En nuestra mente teníamos el relato de Juan 5:1-15 sobre el milagro realizado en Jerusalén en el estanque de Betzatá. Un hombre que había sido paralítico durante treinta y ocho años, día tras día esperaba que el ángel removiera las aguas. Porque cuando las aguas se movían, aquel que se metiera primero sería sanado de cualquier enfermedad que tuviera. ¡Sorprendente!

Ese hombre estaba tan enfermo que, cada vez que ese hecho sucedía, cualquier otro se le adelantaba. Él no tenía idea de que ese era el día en que se encontraría frente a frente con el mismo Hacedor de milagros.

¡Todos necesitamos un milagro! ¡Hoy yo necesito un milagro para mi papá! Pero existen también otros milagros: el milagro de la salvación, el milagro del perdón, el milagro del nacimiento. ¿El milagro de que Inglaterra gane la copa del mundo? (¡fue solo una broma!). Todo eso constituye una señal de que Dios irrumpe en nuestra vida cotidiana.

Ese hombre junto al estanque había esperado por mucho tiempo, pero no contaba con tener un encuentro con el Hombre cuya palabra había generado la existencia de este mundo.

Pero se encuentra con él. Jesús le pregunta: «¿Quieres quedar sano» (Juan 5:6), y cuando el hombre le responde que no puede introducirse en el agua con la suficiente rapidez, Jesús le dice: «Levántate, recoge tu camilla y anda» (v. 8). El hombre quedó sano, ¡y luego tuvo problemas con los líderes religiosos por cargar su lecho en un día sábado!

Cuando Jesús se dirigió a Jerusalén en esa ocasión, él no visitó palacios ni se encontró con la realeza sino que fue a los «hospitales». Se acercó a los lugares en los que la gente lo necesitaba más. Había una gran multitud de enfermos esperando que las aguas fueran removidas, pero Jesús escogió al que probablemente fuera el más desesperado, al más débil, al más desanimado, y posiblemente al más viejo.

¡Jesús se deleita en ayudar a los desvalidos!

Hay otro milagro al que hacemos referencia en la canción, en la línea que dice: *Solo un toque es lo que necesito*. Esa frase fue tomada de la historia de la mujer que había padecido de hemorragias por doce años. Marcos 5:25-34 narra que esa mujer desesperada se abrió paso a través de la multitud para acercarse a Jesús porque sabía que si tan solo lograba tocar el borde de su manto, sería sanada. Había gastado todo su dinero en médicos pero cada vez estaba más enferma. Ella luchó contra los que rodeaban a Jesús y no le permitían acercarse, tocó sus vestiduras, ¡y el resto pasó a ser historia!

Hoy yo estoy tratando de abrirme camino en medio de la multitud y los ruidos de esta vida por mi papá, uniéndome a millones de otros que procuran alcanzar la mano del Hacedor de Milagros.

CAPÍTULO 12

Pintemos la ciudad de Rojo

Martin Smith

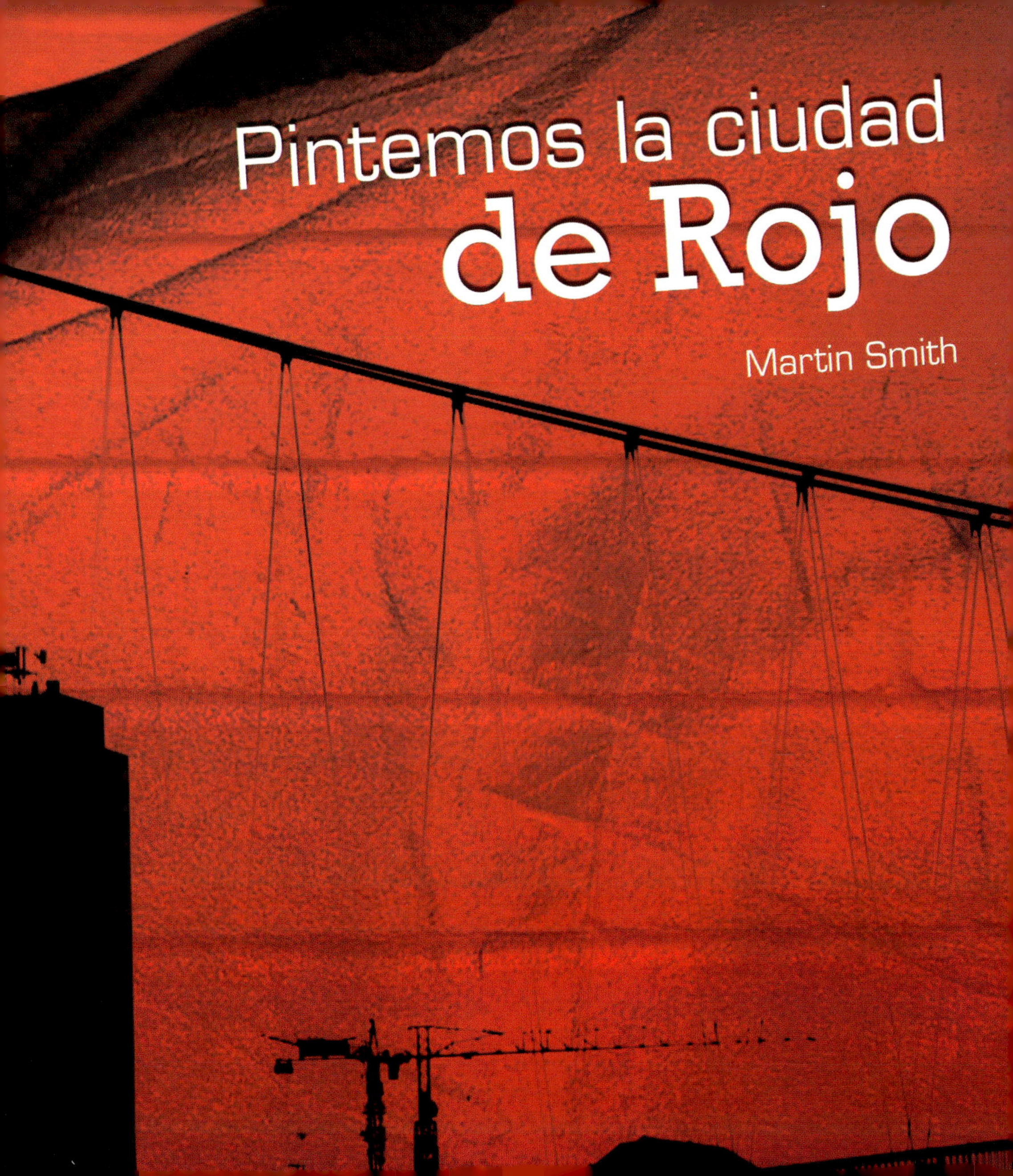

Arreciaba la lluvia en el norte de Inglaterra. Tim y yo habíamos volado a un pequeño lugar cercano a Manchester, llamado Clitheroe, para pasar el día con el famoso evangelista Rheinhard Bonnke. Se trataba de un pequeño encuentro para considerar las primeras etapas de una película que él estaba realizando sobre evangelización en todo el planeta.

Su pasión por Dios resultaba contagiosa, ya que les predicaba a esos cuarenta individuos como si estuviera en el corazón de África ante más de un millón de personas. La fuerza de su mensaje se percibía como si el soplo de un tornado atravesara el salón de ese pueblito, y nosotros quedamos mudos, pero motivados a la acción.

Vamos a pintar este mundo de rojo con la sangre de Jesús. La frase estalló en sus labios y casi me voltea de mi asiento. Como un tramposo honesto, tomé mi cuaderno y anote la frase, ya amando y visualizando una imagen de la iglesia que salía por las calles con el poder de Dios. «"No será por la fuerza ni por ningún poder, sino por mi Espíritu" —dice el SEÑOR Todopoderoso—» (Zacarías 4:6). Era tiempo de que el ejército de Dios se pusiera de pie y luchara por lo que creía.

Durante la grabación de *The Mission Bell* [La campana de la misión] este concepto vino a mí en nuestro último día de estudio. Había estado jugando con algunas ideas musicales durante un tiempo, y me pareció que era ahora o nunca. Me levanté temprano y me senté con la guitarra acústica y una lapicera en la mano. Uno por uno fueron apareciendo los muchachos y comenzaron a tener algunas percepciones sobre el tema. Fuimos directamente a la sala y trabajamos durante una hora y media; salimos de allí con un treinta por ciento de la letra escrita. Estábamos bastante contentos, pero yo sabía que Stu G no había quedado cien por ciento satisfecho. Le parecía que la música era un poco superficial y ligera como para transmitir el concepto fuerte de la letra. Estuvimos de acuerdo en que él disintiera, pero decidimos revisar el tema cuando regresáramos al estudio.

Estar frente a Stu G con los amplificadores de su guitarra chillando es, en un sentido, semejante a escuchar al Sr. Bonnke predicar: se puede describir como algo sonoro, impresionante, apasionado y emocional, y constituye toda una lección

(¡Stu toca con la precisión que solo un músico alemán puede lograr!). Lo lleva a uno a querer danzar, cantar, crear, convertirse en una estrella del rock, trepar montañas, y abrir las ventanas para dejar que el mundo perciba los dulces tonos que comienzan a flotar por las calles como un perfume sanador. Ese día no constituyó una excepción.

«Mart, he encontrado una nueva tonada para Paint the Town [Pintemos la ciudad]. Espero que te guste». La guitarra se oía como un ejército en medio de la batalla, y la canción había dejado de ser adolescente para transformarse en adulta. *Oh, aquí venimos* ahora sonaba muy auténtico, e inmediatamente imaginamos multitudes de todo el mundo inspiradas para salir a la misión, ya fuera en las calles de sus ciudades o en extremos inalcanzados del mundo. Nos abocamos entonces a terminar de redactar las palabras de las estrofas.

De alguna manera, la letra de esta canción difiere del estilo típico de Delirious?: es más bien entusiasta en su mensaje. Cierta testosterona espiritual parece acompañar al tema central de ser *el ejército de Dios*. En una ocasión en la que nos presentamos en los Estados Unidos, al ver que estábamos a punto de tocar, un joven se me acercó corriendo y me dijo: «Hagámosle sangrar la nariz al diablo». Personalmente no suscribo a una noción de ese tipo, aunque entendí lo que quería decir. (¡No ayudaba en nada el hecho de que él vistiera ropas de las que se usan para camuflarse en una batalla y que diera la impresión de que podría cortarme la cabeza de un solo golpe!)

Jesús nos enseñó que debemos arrebatar el Reino con violencia (ver Mateo 11:12), y luego nos dijo que debíamos poner la otra mejilla (Mateo 5:39). Ambas nociones son correctas y verdaderas, pero conforman una paradoja. ¿Has quedado confundido? ¡No te preocupes, yo también!

Si alguien hiciera su aparición en nuestra casa de noche e intentara secuestrar a uno de nuestros hijos, no nos limitaríamos a sonreírle y poner la otra mejilla, diciéndole a ese mal viviente en un tono aflautado y espiritual: «Jesús te ama, y tú no deberías hacer eso». No. Espero que nuestro instinto nos lleve a rescatar al niño a cualquier costo, aun el de nuestra propia vida.

Pero Jesús no vino a la tierra con una granada espiritual de mano para destruir a todos aquellos que no lo siguieran. No. Él predicó la bondad que nos conduce al arrepentimiento (ver Romanos 2:4) y el amor que nos guía al Creador del amor, a Dios mismo. Tenemos que saber que estamos en batalla; hemos sido llamados a rescatar a nuestro mundo que se desmorona y se aleja cada vez más de los caminos de Dios. Pero aún más, creo necesario que nos convirtamos en las manos de Jesús para llevar amor y gracia a una generación desencantada por lo que percibe como un cristianismo hipócrita, una representación superficial de todo aquello por lo que Jesús vivió y murió.

Estoy orgulloso de pertenecer a este ejército, un ejército que puede conquistar la tierra a través de las lágrimas, el dolor y el quebranto; un ejército de salvación vivo, que ama a Jesús y está dispuesto a ir y *pintar de rojo este pueblo, grande y viejo, con la sangre de Jesús*, cueste lo que cueste.

¡Nos vemos en allí, en el frente!

CAPÍTULO 13

Aquí estoy,
Envíame a mí
Stu G

Mi primera experiencia en cuanto a escuchar una profecía fuera de las de la Biblia o de los libros de historia fue un fin de semana de mayo de 1983 en el que mi esposa Karen y yo visitamos a algunos amigos que asistían a una iglesia en Londres. En realidad habíamos viajado a la ciudad para presenciar un concierto y añadimos a eso la visita a nuestros amigos. Ninguno de nosotros seguía a Dios en esa época, y realmente no estábamos preparados para lo que estaba por suceder.

¡Nunca habíamos experimentado nada semejante! «La iglesia» para nuestros amigos incluía una reunión los domingos, pero tenía más que ver con resolver juntos la vida cotidiana en medio del bullicio de la ciudad. Se veía a los hogares activos, y en un ajetreo vivo y constante, con un entusiasmo que nunca antes habíamos experimentado. Estas personas eran fantásticas *y* totalmente apasionadas por Dios. Tenían un propósito en la vida y la confianza de que estaban en la senda correcta y en el lugar exacto. Si nos detenemos a pensarlo, esto constituye toda una declaración.

Así que fuimos al concierto el sábado, y nos encantó. Y el domingo asistimos a la iglesia. Se llevó a cabo en el edificio del viejo banco Barclay, de la calle Hornsey Road, en la zona norte de Londres. Yo ya había decidido que quería ir allí. ¡El entusiasmo de la comunidad era muy contagioso! Era bueno sentir que pertenecíamos aun antes de creer.

La gente de la iglesia nos hizo sentir bienvenidos a Karen y a mí, como si estuviéramos en casa. Luego, durante la reunión, pasó algo que cambió nuestras vidas. Escuchamos a alguien profetizar. Estaba sorprendido de que Dios pudiera hablar a través de una persona; y no solo eso, sino también utilizar un lenguaje común y corriente para transmitir aliento y hablar de una manera específica con respecto a algunas situaciones. No eran simples palabras inteligentes, sino que se percibía revelación y guía sobre cosas que aquel que daba la profecía no podría conocer por una vía natural.

¡Eso fue todo lo que necesitamos! Quedamos convencidos de que Dios existía y de que él estaba interesado en nosotros por lo que éramos, y así tal cual éramos.

Los dos le entregamos nuestras vidas Jesús ese fin de semana, pero no nos dijimos nada el uno al otro durante más o menos una semana, por las

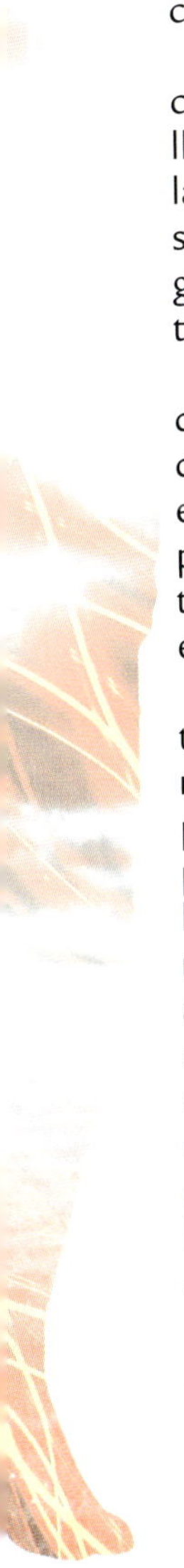

dudas de que alguno de los dos no lo aprobara. ¡Nos resulta muy cómico cuando miramos atrás!

Nuestra marcha desde entonces ha sido marcada por postes indicadores colocados por «designio divino» y oportunas palabras de aliento que nos llegaron de algunas personas sorprendentes, tanto dentro del contexto de la iglesia local como cuando anduvimos viajando por el mundo. Hemos sido cuidadosos de no seguir ciegamente esas palabras sino que las hemos guardado, comprobado, y actuado con responsabilidad al respecto, permitiendo que Dios hiciera lo que había dicho a su tiempo.

1 Tesalonicenses 5:16-22 nos insta: «Estén siempre alegres, oren sin cesar, den gracias a Dios en toda situación, porque esta es su voluntad para ustedes en Cristo Jesús». La versión inglesa *THE MESSAGE* continúa el texto de este modo: «No sofoquen al Espíritu, y no acallen a aquellos que tienen una palabra del Maestro. Por otro lado, no sean crédulos. Analicen y confirmen todo, y solo quédense con lo que sea bueno. Arrojen de sí todo aquello que esté infectado de maldad».

En la Biblia no encontramos estrellas del rock, pero sí había profetas: toda una fantástica colección de personalidades, con distintos peinados, ropas y dietas. A veces ellos montaban una asombrosa escena, muestra del poder y la grandeza de Dios para toda una nación; en otras ocasiones simplemente se limitaban a dar orientación a algún individuo lejos de la vista de los demás. Algo que tenían en común era que se trataba de hombres y mujeres con una misión, a menudo admirados, reverenciados e incomprendidos al mismo tiempo. Ellos desafiaron a los gobernantes y a las autoridades de su tiempo, en su intento por conducir a la nación a ponerse en orden según el camino de Dios. Imagino que no sería muy cómodo estar cerca de ellos, dada sus maneras directas y rústicas de ser, y no me sorprendería para nada que ni siquiera ellos se sintieran cómodos con su misma persona, por tener la sensación de que no encajaban con su entorno, o por las situaciones difíciles en las que se podían encontrar.

Una vez leí un libro del obispo David Pytches titulado *Some Said It Thundered* [Algunos dijeron que se oyó como un trueno]. En ese libro él documenta la historia de varios profetas modernos. Gran parte del libro tiene que ver con acontecimientos que tuvieron lugar en Kansas City y de algún modo se relacionan. Varios años después de haber leído el libro, Delirious? recibió una invitación para participar de una conferencia auspiciada por Mike Bickle, que es el líder de la iglesia en la que se congregan muchos de estos profetas. Durante nuestra permanencia allí, nos encontramos en una sala con un individuo llamado Bob, que señaló que *tenía* que vernos. Debo decir que yo estaba un poco asustado. Pensé que él iba a leerme como a un libro abierto y descubrir mis pensamientos y «pecados ocultos». ¡No hizo nada de ese tipo! En lugar de eso, me sorprendió la mirada de aceptación que percibí en sus ojos, y me desarmó.

Luego se movió por el cuarto, hablándole a cada uno de los miembros de la banda, desprendiendo las distintas capas de nuestras vidas con un conocimiento sorprendente de quienes éramos, aun mencionando a nuestras esposas e hijos en algunos momentos. Esto realmente llamó nuestra atención y le dio mayor peso a lo que él quería transmitirnos. Durante todos los años que siguieron, todavía continuamos viviendo algunas de las cosas que nos dijo, y resolviendo otras.

Él nos contó una historia sobre una jovencita que estuvo en su grupo de jóvenes algunos años atrás. Ella había tenido una crianza terrible. Su vida había consistido en abusos de todo tipo, hasta que llegó a la situación de entregarse a las drogas y a la destrucción propia en un intento por aplacar el dolor. Bob y su esposa se acercaban a jóvenes que estaban en esta condición, y permanentemente entregaban su vida, su amor y su hogar a los chicos de su grupo. Un día en que él leía el relato de la conversión de Saulo en el camino a Damasco que aparece en Hechos 9, fue sacudido por un pensamiento: *«¿Qué es lo que vio Saulo en el camino a Damasco? ¿Qué fue lo que lo hizo caer de su caballo cambiar completamente de vida?* Bob comenzó a orar para que aquella muchacha pudiera alcanzar a echar un vistazo a lo que Saulo había visto para que Dios pudiera abrirle los ojos.

Jenny tuvo su propio camino a Damasco y ahora es una persona clave que trabaja con Bob ayudando a otros chicos que se encuentran en situaciones desesperadas. Estoy seguro de que hay miles de historias como esta, pero fue esta la que me llevó a pensar: ¡Todo lo que necesitamos es poder echar un vistazo!

Comencé a leer en la Biblia acerca de aquellos que habían tenido un encuentro transformador con Dios y quedé muy impactado por la historia de Isaías que aparece en capítulo 6 de su libro: su visión del cielo, su sensación de insuficiencia, el ángel tocando sus labios con el carbón encendido y finalmente el llamado de Dios. «Entonces oí la voz del Señor que decía: —¿A quién enviaré? ¿Quién irá por nosotros?» (Isaías 6:8).

La respuesta de Isaías fue: «Aquí estoy ¡Envíame a mí!» (v. 8). ¡Comenzaba a sentirme inspirado! Yo también empecé a orar para alcanzar a dar ese vistazo: «¡Muéstrame una visión como la que vio Isaías!»

En una presentación en Illinois, durante un momento espontáneo, comencé a cantar: «Aquí estoy, envíame a mí». La multitud se unió a mi canto y en ese momento supe que probablemente hubiera una canción dando vueltas por ahí.

De regreso en mi casa y jugueteando con mi Fender Telecaster, me encantó la penetración de algunas notas tocadas en una sola cuerda y me dediqué a crear una secuencia de acordes usando una sola nota por vez, de un modo semejante a la forma en que trabajan los arregladores, incorporando nota sobre nota. Se creo un trasfondo sonoro que transmitía la «urgencia» de la letra: *«Muéstrame una visión como la que Isaías vio»*. No hubo un patrón estándar de acordes en la grabación; todos fueron creados a partir de notas individuales.

La vida constituye una mezcla muy complicada de cosas: el trabajo, la familia, la diversión, y las adversidades. Las colocamos en la batidora de Dios, ¡y lo que salga es lo que tenemos! Sin que me importe lo que suceda en la vida, yo quiero hacer lo mejor que pueda, y una buena parte de ello es tener disposición. Cuando escucho esa voz interior que pregunta: «¿A quién enviaré? ¿Quién irá por nosotros?», quiero responder como Isaías: «Aquí estoy, envíame a mí».

CAPÍTULO 14

30 de agosto

Martin Smith

En los tempranos días de *Cutting Edge*, yo todavía era un productor e ingeniero de sonido que realizaba grabaciones de forma independiente, y en el verano de 1995 estuve muy ocupado haciendo grabaciones en vivo a través de todo el Reino Unido.

Tim, nuestro tecladista, tenía un pequeño estudio en Littlehampton, en un pueblito a la orilla del mar en la costa sur de Inglaterra cerca del lugar en que vivimos. Nos considerábamos privilegiados por haber podido grabar algunos álbumes con gente importante como Matt Redman y Graham Kendrick, y también por esa época nuestra propia colección de canciones.

Era el último fin de semana de agosto, y me habían pedido que grabara en vivo la música de Grapevine, una conferencia bíblica en Lincoln. Anna me acompañó y pasamos un excelente fin de semana juntos. El último día, tuvimos la gran noticia de que Sarah y Stew, nuestro baterista, habían tenido su primera hija, Abigail. Estábamos alborozados y no veíamos las horas de volver a casa: faltaba apenas un encuentro más que grabar y podríamos empacar e irnos.

No puedo recordar exactamente cómo sucedió, pero uno de los líderes de alabanza, Chris Bowater, me pidió que dirigiera una de las canciones esa noche. Me sentí honrado y canté «Gracias por salvarme». No tenía idea del nuevo significado que esas palabras adquirirían en los próximos días.

Era tarde cuando salimos de allí, pero íbamos entusiasmados por llegar a casa y ver a nuestra nueva pequeña sobrina. Jon, nuestro bajista, también había estado en Grapevine, ayudando con el trabajo entre los niños y estaba con nosotros en el automóvil cuando partimos.

Luego de cinco horas y cuando nos encontrábamos a una calle de casa, yo me debo haber relajado demasiado. Me quedé dormido al volante, y estrellé el automóvil contra una pared. Desperté dándome cuenta de que el tablero de instrumentos me tenía inmovilizado contra el asiento; había sangre por todos lados y yo no acababa de darme cuenta de lo que había sucedido. Anna y Jon estaban sorprendentemente bien, pero ella corría de un lado a otro pidiendo

de sacarme del automóvil. Los bomberos, la policía y algunos médicos estaban allí, para ayudarme a mantener la calma. Dos horas más tarde, luego de arrancar el techo del automóvil y colocarme en una ambulancia, estábamos en camino al hospital. Lo siguiente que recuerdo fue despertar luego de una operación para arreglar una pierna rota y diversos cortes. Durante dos semanas estuve en el hospital, fuera de combate y atrapado allí, de espaldas, intentando restablecerme.

Tuve muchas visitas durante ese tiempo, y allí comencé a pensar sobre el futuro. Estaba agradecido a Dios de que todavía estuviera en una sola pieza y tenía conciencia de que había sido rescatado. Se me había dado una segunda oportunidad y yo quería usarla.

Uno de mis visitantes era un productor colega de nombre Les Moir. Él me trajo una copia del libro de U2 *At the End of the World* [Al final del mundo]. No tenía nada más que hacer, así que me devoré el libro. Cada página me cautivó e inspiró. Yo sabía que Dios había logrado captar mi atención de un modo completo y también supe que teníamos que dedicarnos a la música a tiempo completo. La idea de que cada uno dejara su trabajo para hacer esto nos asustaba, dado que históricamente le había sido imposible a cualquier banda ganarse el sustento tocando música cristiana. Sin embargo, el dinero constituía la menor de mis preocupaciones. Además, cuando Dios dice «Vayan», no hay vuelta atrás.

Les transmití mis pensamientos a cada uno de los muchachos y todos se mostraron entusiasmados pero algo inquietos; todos estábamos casados, excepto Jon, y algunos ya tenían niños. No era como cuando teníamos diecisiete años; ya habíamos recorrido un largo trecho y esto hacía que los cambios resultaran más difíciles. Estuvimos de acuerdo en tomarnos tres meses para decidir quiénes se comprometerían con esto y quienes no, y luego nos tomaríamos otros tres meses para cerrar nuestros temas de trabajo, vender nuestras cosas y prepararnos para encarar una nueva vida. Resultó sorprendente que todos dieron un paso al frente y así nació Delirious?. Fue un milagro que Dios nos moviera de A hacia B de un modo relativamente rápido, y yo ya podía ver que el choque con el automóvil había resultado una bendición disfrazada.

Comenzamos a viajar en serio por Gran Bretaña con nuestra camioneta Volkswagen y un camión de siete toneladas. Yo todavía andaba con muletas, lo que debió haberse visto bastante cómico, pero poco a poco fuimos llevando nuestra música a cientos de pequeños pueblos a través del Reino Unido. Cuando escucho nuestra música de ese período, puedo percibir una cierta fragilidad en mi voz, gratitud por haber sido salvado, y un conjunto simple de oraciones musicales. También he tenido un recordatorio físico de ese 30 de agosto: hasta hace muy poco he caminado cojeando levemente... y aun ahora, luego de un largo período, ¡mi pierna no siempre funciona completamente bien!

Con cada año que cumple Abigail, yo recuerdo la bondad de Dios: primero por el regalo de su vida, pero además por haber salvado la mía. Como banda, nunca hemos mirado atrás a partir de ese momento y hemos sido bendecidos más allá de toda medida. La travesía nunca ha resultado fácil, pero ha sido satisfactoria. Saber que «Dios dispone todas las cosas para el bien de quienes lo aman» (Romanos 8:28) resulta increíblemente liberador. Y hemos podido estar en muchos países del mundo, tocando frente a muchos miles de personas, y viendo milagro tras milagro.

Voy a correr solo por ti es la línea central de esta canción, y también constituye una oración «peligrosa» que Dios nos ha llevado a hacer vez tras vez durante estos años. Puede ser que tenga una pierna con problemas, ¡pero correr esta carrera es un puro gozo!

CAPÍTULO 15

Santificar

Stu G

Finalmente llegó el 1 de abril de 1996, día en el que, luego de seis meses de discusiones, oración, puesta en orden de nuestras casas y búsqueda de consejo, oficialmente lanzamos al grupo Delirious?, tomándolo como nuestra ocupación de tiempo completo.

Lo hicimos llenos de fe y visión. Pero también con ansiedad, preguntándonos: *¿Podremos lograr que funcione? ¿Somos lo bastante buenos? ¿Hemos tomado la decisión correcta?* Todo lo que sabíamos era que teníamos el sueño de llevar nuestra música al mundo.

Habían llegado frecuentes invitaciones para tocar por todo el Reino Unido en diferentes presentaciones, y Tim imaginaba que si realizábamos tres o cuatro recitales por semana, la venta de las entradas, más la de los casetes al finalizar, producirían lo suficiente como para contar con un salario pequeño pero regular.

Sentíamos algo de temor, pero conjuntamente con nuestras esposas ya habíamos decidido dedicar nuestra vida a esto.

Se trataba de la segunda vez para Karen y para mí. Diez años atrás habíamos vendido nuestra casa en Ipswich e invertido todo nuestro dinero, pasión juvenil y fe ingenua en un traslado a Londres, solo para encontrarnos atrapados dentro de una iglesia y dedicados completamente a la música (haré otras menciones a esto más adelante). No tomamos esta segunda decisión a la ligera. Teníamos dos niños pequeños, una hipoteca, un nombre conocido dentro de la escena de la música cristiana y un negocio floreciente colocando instalaciones eléctricas, pero también la sensación abrumadora de que debíamos hacerlo otra vez.

Hacia fines de 1996, Martin y yo comenzamos a componer canciones juntos, que luego se convertirían en el álbum *King of Fools* [El rey de los tontos]. En ese tiempo, durante una mañana fría de otoño salí a correr por las calles de Rustington, intentando mantenerme en estado. Noté entonces que respiraba una vez cada tres pasos, y comencé a susurrar una melodía en un ritmo de 6/8. La archivé en mi memoria para poder volver sobre ella más adelante.

Al regresar a mi escritorio, todavía recordaba esa melodía y el ritmo de 6/8, así que comencé a trabajar en eso. La melodía y los acordes empezaron a tomar forma, pero con las palabras la cuestión resultó distinta. Luchaba por imaginar algo lleno de sentido, pero solo lograba frases cliché que no significaban nada.

Las cosas nos habían ido muy bien durante los últimos meses y estábamos en un buen momento. Se producían tres o cuatro presentaciones cada semana, momentos increíbles de adoración y de experimentar la presencia de Dios y su provisión. Decididamente éramos los preferidos del mes. Creo que las cosas nos iban tan bien que, sin notarlo, yo había puesto mi vida en piloto automático, y creía que ya sabía cómo hacer las cosas y cómo repartir la mercadería. ¡Yo sabía qué decir y qué notas tocar para hacer vibrar el «lado divino» de la emoción! Al mirar hacia atrás, descubro que había sacado la mirada de la razón por la que hacíamos lo que hacíamos, y confiaba en que podía lograrlo sin ayuda. Muy pronto mi fuente se secó.

Comencé a orar. Así que allí estaba, *de regreso en aquel viejo lugar, otra vez sobre mi rostro, clamando*. ¡Espera, eso suena a una canción! ¡Pero era más que una canción! Dios me estaba recordando que es el humilde y no el orgulloso el que recibe gracia (ver Santiago 4:6). Me encontré clamando, decidido a vivir de un modo diferente, sin confiar simplemente en las experiencias pasadas, sino avanzando, procurando ir hacia adelante.

Estoy seguro de que Dios sonrió. Comencé a pensar sobre la palabra «santificar» pero no sabía en realidad lo que quería decir. Así que comencé a investigar un poco. (Ahora bien, quiero aclarar que realmente no soy teólogo; ¡simplemente toco la guitarra en una banda de rock! Pero a menudo en las conferencias y seminarios nos encontramos en situación de tener que explicar nuestras canciones y pensamientos.)

Santificar. Yo quiero ser separado hasta lo más profundo del corazón. La definición de «santificar» quiere decir «separar o ser hecho santo». ¿Pero cómo se hace?

Descubrí lo que dice 1 Tesalonicenses:

> Que Dios mismo, el Dios de paz, los santifique por completo,
> y conserve todo su ser —espíritu, alma y cuerpo— irreprochable
> para la venida de nuestro Señor Jesucristo (5:23).

Se trata de una tarea difícil el mantenernos apartados para el Señor. Porque resulta muy fácil entregar el corazón. Permítanme explicarles lo que quiero decir con esto.

Siendo cristianos muy nuevos, Karen y yo vivimos y trabajamos con nuestro pastor. Él era un hombre brillante y muy dotado, y yo acabé guiándome en la vida por cada palabra que él decía y confiando en que él tomara las decisiones por mí. Le había dado un lugar en mi vida que realmente solo debía pertenecerle a Dios. Por supuesto, no lo descubrí hasta que él cometió un tremendo error y todo salió mal: ¡esto me dejó tambaleando! Mis cimientos habían sido colocados sobre terreno equivocado. 1 Pedro 3:15 dice: «Santificad a Dios el Señor en vuestros corazones y estad siempre preparados para presentar defensa con mansedumbre y reverencia ante todo el que os demande razón de la esperanza que hay en vosotros» (RVR).

Ese fue otro de los momentos que pasé «de rodillas», y en el que le entregué mi vida de nuevo a mi Creador.

Hoy estoy decidido a vivir de un modo diferente, sin esconderme del mundo, pero sin dejarme absorber por él. Deseo saborear el fruto que producen aquellos momentos que paso sobre mis rodillas, y me encuentro sobre la colchoneta de oración, no porque me sienta desesperado y vacío, sino porque deseo estar permanentemente enchufado con el poder de Dios.

¿Cuánto tiempo llevará? ¿Cuánto deberé esperar? Dios nos conoce por dentro y por fuera. Él mira el corazón y no las circunstancias. Hacemos todo mal, pero él es mayor que nuestros errores. Alcanzamos el éxito, pero él es más grande que nuestros éxitos.

La vida de fe requiere de nosotros toda nuestra mente, alma, fuerzas, dones, habilidades, dinero y todo lo que tengamos cada día. Pero sin el poder y la presencia de Dios, nuestras ofrendas no tienen sentido.

Ascendiendo, he escalado con todas las fuerzas que tengo
Hasta la cima de la montaña.
Mientras veía las nubes crecer y hacerse grandes
¡Ahora es el tiempo de estar listo!

CAPÍTULO 16

Alto como las montañas

Martin Smith

Algunos de ustedes ya saben que Delirious? en un sentido es un asunto de familia. Jon, nuestro bajista, tiene tres hermanas mayores, ¡y Tim, Stew y yo estamos casados con ellas! El padre de Jon, David, también es el pastor de nuestra iglesia, la Arun Community Church, y nosotros nos conocimos en la escuela secundaria de Littlehampton, en la costa sur de Inglaterra.

En diciembre de 2002, John, un gran hombre de Dios y tío de Jon, formaba parte del equipo de liderazgo también. Estaba casado con Jo, y él y su esposa eran padres de unas muchachas adolescentes. En una ocasión en que fue a predicar a Suiza, tuvo una mañana libre y se fue hasta una montaña cercana para esquiar con algunos amigos. Y murió en esa montaña de un modo trágico.

El teléfono sonó en nuestra cocina más o menos a las seis p.m. esa tarde. ¿Se dieron cuenta de que a veces podemos predecir por la forma en que llama si es que nos trae buenas o malas noticias? Bueno, ese día la campanilla tenía un sonido espeluznante, y de alguna manera supimos que algo andaba mal. «John ha muerto», chilló una voz. «Un ataque al corazón lo ha matado».

Anna colgó el teléfono y repitió la noticia, sacudida, pero hablando en un estado de calma. Luego se hizo un silencio y en el cuarto comenzó a flotar una sensación de descreimiento. *John no puede morir; solo tiene 44 años. Es un gran hombre que hace la obra de Dios*. Esto no puede ser verdad. Nuestras mentes se llenaron de interrogantes con respecto al por qué Dios lo había permitido.

Esa noche transcurrió dolorosamente lenta. Nos costaba esfuerzo hacer cualquier cosa, y andábamos alrededor como en estado de trance, sin lágrimas todavía pero cargando un increíble peso de desazón. Luego pusimos los niños a dormir y bajamos las escaleras con una sensación de vacío. Por alguna razón, cuando hay dolor uno instintivamente se vuelve hacia el ser superior, hacia ese poder mayor que nos puede explicar la causa de semejante pérdida. Fui hasta el piano, encendí una vela y canté las palabras «el dolor vino a visitarnos hoy». Las palabras surgieron de una fragilidad que no había experimentado antes; y en pequeñas olas me fueron llegando palabras santas, inolvidables, como la respiración de un bebé dormido.

A veces uno compone una canción por la sola razón de que desea que la gente se pueda identificar con ella y cantarla en la iglesia el domingo a la mañana. No se me cruzó ningún pensamiento de esa índole esa noche; era solo un alma doliente sentada ante el piano, dejando fluir lo que tenía adentro: preguntas sin respuestas, soledad, confusión, sensación de pérdida y sacudón. Emociones que seguramente todos hemos experimentado alguna vez.

Allí estaba, sufriendo por Jo y las niñas, sin saber como íbamos a sobreponernos a esto, cómo íbamos a seguir adelante. *Esta montaña es alta, demasiado alta para nosotros*. Las palabras se convirtieron en el coro, y me encantaron por su sinceridad. La canción continúa, diciendo: *en Dios podemos sobreponernos a todas las cosas*. Lo creí esa noche, y lo creo hoy, pero no me sentía de ese modo en ese momento, y está bien dejar que fluya esa emoción en las canciones. Hay un misterio concerniente a Dios y a la vida que transcurrimos en esta tierra. Dios no amarra todos nuestros cabos sueltos. Si la vida aquí fuera perfecta, no tendríamos necesidad de un Salvador.

Escribir canciones acerca de Dios que nos proporcionen todas las respuestas no es incorrecto: tenemos miles de canciones así. Pero muy pocas canciones se permiten expresar, al estilo de los salmos, las más crudas emociones y las preguntas más genuinas que nos surgen al transcurrir nuestra vida en un mundo donde el dolor nos lleva a padecer. Por alguna razón, por ser cristianos, tememos levantar lamentos. Nuestra teología moderna requiere de nosotros una cierta actitud que se podría definir como «mantener tieso el labio superior».

Jesús vino para que podamos salir victoriosos y eso es totalmente cierto. Pero a menudo la vida nos produce sufrimientos, y está bien sentirnos en el corto plazo como si nos hubieran quitado el piso de debajo de los pies. Tenemos que recordar que Dios nos creó como seres humanos, con todas nuestras complejas emociones: no somos robots que puedan actuar como soldados a los que no les importa nada. Negar nuestra vida emocional puede resultar dañino tanto para nosotros como para los que nos rodean.

El tiempo ha pasado y tanto Jo como las niñas han salido «victoriosas». Pudieron atravesar la montaña que pensaban que jamás lograrían subir, y se han tomado de Dios de la manera más extraordinaria. Se sintieron abandonadas por el Señor, pero en esos mismos momentos conocieron su prodigioso y exuberante amor. Para ustedes, Rachel, Susannah, Naomi, Elizabeth y su mamá, es esta canción, porque ustedes nos han enseñado a todos cómo seguir a Cristo cuando arrecia la lluvia: con orgullo y dignidad, con fortaleza y determinación.

CAPÍTULO 17

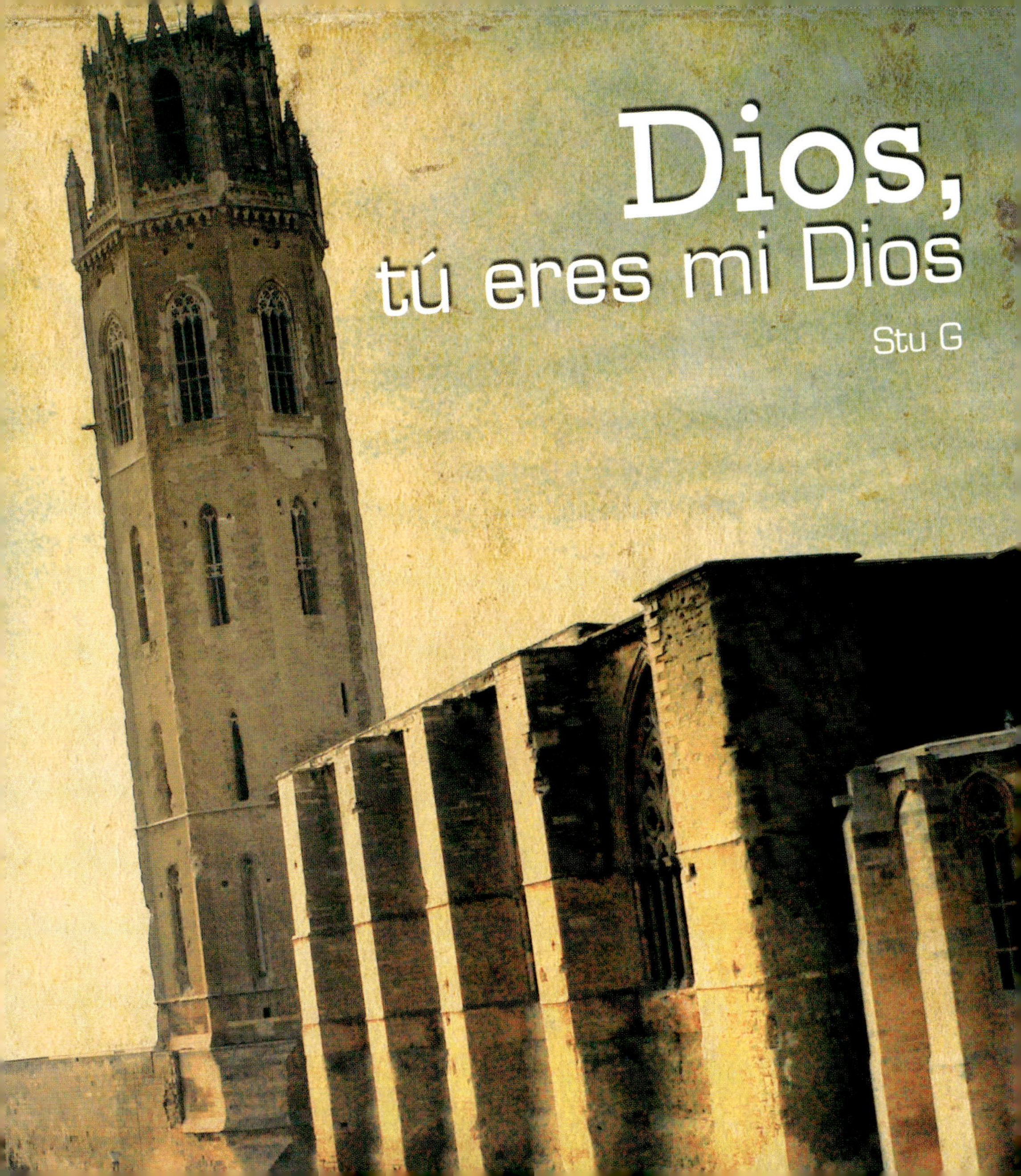
Dios,
tú eres mi Dios
Stu G

Me encantan los salmos. Me encantan las catedrales. Me encantan los jardines sembrados de vegetales...

Me encantan los *salmos*. Los momentos altos y los bajos, el lugar de la abundancia, el desierto, la reflexión silenciosa, las alabanzas estridentes, la sinceridad, el cuestionamiento, los temas de la vida real, la fe que estruja las entrañas: todo eso se encuentra en ellos.

«Dios, tú eres mi Dios» ha sido tomado de los primeros cinco versículos del Salmo 63. Es un salmo del rey David (ver el versículo 11) y probablemente fuera escrito cuando estaba en el desierto huyendo de su propio hijo Absalón, quien deseando ser rey había «robado» el corazón de los hombres de Israel (ver 2 Samuel 15:6). Pero descubro como dato interesante que aunque el rey está en huída hacia el desierto, lo primero que hace es ir a la montaña a adorar a Dios.

Escribí «Dios, tú eres mi Dios» a principios de los noventa, justo antes de conocerme con el resto de los muchachos de *Cutting Edge*. Yo era un líder de alabanza a tiempo completo en las iglesias Praise Community de la región centro este y pasé momentos fantásticos allí. Ese fue un tiempo de verdadero descubrimiento para mí, metido en las profundidades pero contando con la confianza de la gente. Descubrimos mucho juntos sobre la presencia de Dios. Recuerdo que con frecuencia iba a nuestro salón de reuniones la mañana siguiente de un servicio de adoración y me sentaba en la presencia de Dios, que se mantenía tangible desde la noche anterior. Solo me sentaba allí, pensaba y oraba.

Un día leía el salmo 63, cuando las primeras líneas hicieron sonar una cuerda dentro de mí. Yo deseaba escribir versos que contuvieran verdades simples y repetitivas, con el fin de que se instalaran en la mente, de un modo similar al que utilizan la liturgia la Iglesia de Inglaterra y la de la Iglesia Católica. Esas formas de adoración son muy fáciles de recordar y muy útiles cuando uno se encuentra en situaciones difíciles, porque cuando se las

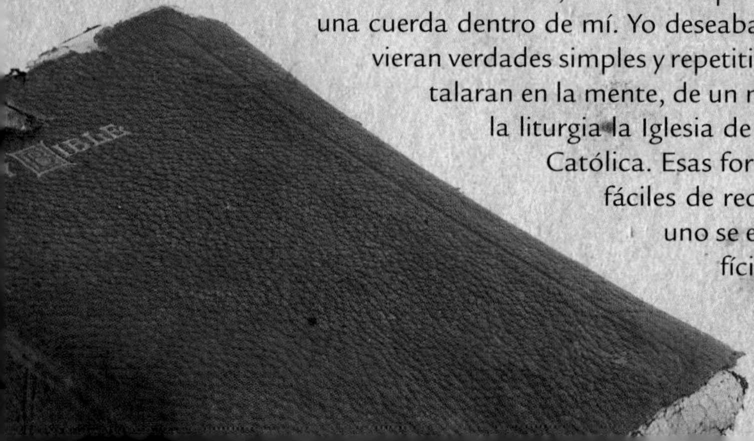

encomienda a la memoria, se almacenan en algún lugar del disco duro de la mente. Resulta muy bueno repetir verdades, aun cuando no sintamos deseos de hacerlo. Después de todo, la verdad es la verdad, independientemente de lo que sintamos o del lugar en el que nos encontremos.

Amo las *catedrales*. En el Reino Unido algunos de los edificios han estado allí desde las épocas anglo-sajonas; durante siglos la gente ha concurrido a esos lugares a buscar a Dios. La búsqueda apasionada de los peregrinos y sus oraciones sinceras han impregnado las mismas piedras y han dejado tras de sí una atmósfera intensa. ¡Espero que hayan encontrado lo que buscaban!

Las catedrales me producen piel de gallina. Las catedrales me hacen llorar. Uno de mis recuerdos más perdurables referido a ellas se relaciona con la ocasión en que toqué la guitarra con Ben Okafor, un artista de reggae de Nigeria (y permítanme acotar que tocar con Ben es siempre fantástico). Como sea, fuimos contratados para un festival que duraría toda la noche y se llevaría a cabo en la catedral de Lichfield.

¡Fue asombroso! El recital resultó excelente, pero pasar la noche despierto en un lugar como ese me impactó aún más. Yo vagaba por los alrededores, con los sentidos alerta por el hecho de que estaba oscuro y era de noche. La música fue diluyéndose en el trasfondo y yo descubrí una pintura realizada en la pared que mostraba a un monje escribiendo; la pintura había sido fechada en el siglo catorce, ¡o sea que estaba allí desde hacía 600 años! En ese lugar ya existía un sitio de adoración en una fecha tan lejana como el siglo séptimo. Me senté en los bancos del coro y se me acercó un obispo que respondió todas mis preguntas referidas a la historia del lugar y acerca de cómo se había abierto camino el cristianismo en el Reino Unido. ¡Había descubierto un lugar de oración que se extendía en el tiempo pasado hasta antes de la construcción del propio edificio! Encendí una vela y me quedé sentado en silencio por un rato.

Otro momento inspirador que pasé en una catedral fue en 2004, cuando Karen y yo nos tomamos un descanso de fin de semana en Barcelona. (Nota al margen: Es una gran ciudad, así que si alguna vez tienen oportunidad de ir,

¡no la desaprovechen!). Nos enamoramos del lugar y quedamos estupefactos por los edificios de Gaudi. Caminamos kilómetros buscando esos edificios bellos y extraordinarios. ¡Verdaderamente él dejó su marca allí! La construcción que nos maravilló más fue el templo de la Sagrada Familia. Visible desde los alrededores de la ciudad, esta catedral hizo real la visión de Gaudi de crear un edificio hacia el que la gente pudiera mirar y adorar a Dios. ¡Logró un completo éxito!

Aun después de su muerte, esta catedral, que todavía no ha sido terminada, se sigue construyendo según sus planos. (¿Les suena familiar?) Partes de ella tienen cientos de años y algunas otras son nuevitas. Encuentro en verdad sorprendente que los diseños de Gaudi en cuanto al modo de soporte de la estructura se basaran en la naturaleza, y en particular en los árboles. Él causó un gran impacto en el mundo de la arquitectura cuando se descubrió que este diseño resultaba lo suficientemente fuerte y seguro como para sostener el enorme peso del edificio. Las torres constituyen un sello no solo del edificio sino de la ciudad. Estas «torres de alabanza» se levantan hacia el cielo con palabras como *hosanna* y *excelsis* impresas en sus costados, en una espiral que se dirige hacia las alturas.

Han sido experiencias como estas las que nos han inspirado a grabar a un coro de monjes como apertura de nuestro álbum *Glo*. ¿Y dónde los encontramos? Luego de efectuar algunas búsquedas, nuestro apoderado, Tony Patoto, descubrió a los monjes de la Abadía de Ampleforth. Logramos seguirle el rastro al padre Oswald, que estaba a cargo del coro, y le preguntamos si cantaban el salmo 63. Él nos respondió que lo cantaban en más de treinta versiones distintas, fuera en inglés o en latín, alegre o solemne. ¿Cuál nos gustaría? Ellos aun estaban dispuestos a cantar *nuestra* melodía o las versiones de ellos en nuestra tonalidad.

Tim y Paul Burton, nuestro ingeniero de sonido, viajaron a Yorkshire y pasaron una jornada muy activa grabando a una docena de monjes que cantaban el salmo 63 en todo tipo de formas, completándolas con unas pocas líneas de nuestra versión de ese canto.

Quedaron realmente impresionados por la vida en la abadía y por la devoción de los monjes a ese modo diferente de vida. Y eso nos conduce a...

Los jardines sembrados de vegetales. Amo los jardines con vegetales sembrados en ellos. Estando de vacaciones este año en Francia, pasamos caminando junto a una bonita y pequeña casa de campo. Tenía un gran jardín adelante, y todo él se había transformado en un jardín de vegetales. Se veían prolijas filas de plantas, algunas listas para ser cosechadas y otras aún en crecimiento, sin que asomara una maleza entre ellas. No pude olvidarme de ese espectáculo. Parecía hablarme de una forma diferente de vida.

Allí en Francia, el ritmo de la vida es de todos modos un poco más lento, pero lo que realmente me cautivó fue la devoción y diligencia del jardinero. Ocuparse de ese plantío implicaba que él debía atenderlo todos los días, regando las plantas, quitando las malezas, recogiendo lo que debía cosecharse. Él había desarrollado una hermosa forma de vida, y dedicaba su tiempo a cuidar de las cosas que verdaderamente le importaban.

Mi vida está tan llena de fechas tope, correos electrónicos, llamadas telefónicas y aeropuertos, que a veces me olvido de ocuparme de las cosas que realmente importan: mi devoción a Dios, mi devoción a mi familia. Tal vez parezca que digo y aun hago las cosas correctas, pero a menudo me distraigo de ellas.

Aunque han pasado muchos años, todavía estoy viviendo en el salmo 63: buscando a Dios, esperando ver su poder y gloria, como un peregrino del desierto que intenta hallar aguas. Estoy procurando alguna manera de lograr hacerlo todo pero, al mismo tiempo, poder llevar una vida de devoción, una vida que deje mi alma satisfecha.

¡Les haré saber cuando la encuentre!

CAPÍTULO 18

Te veré
cuando llegue allí
Martin Smith
Smith / Martin
3016UA-983509
7651

Era primero de mes y April Fool's Day (una festividad semejante al Día de los Inocentes). Nuestros niños apenas habían pegado los ojos porque íbamos a partir hacia los Estados Unidos para la gira familiar de Delirious? de todos los años. No podían contener su entusiasmo al pensar en viajar en un ómnibus de turismo junto con papá a través de los Estados Unidos. Corría 1994 y nuestros cuatro niños se sentían felices también por otra razón: su mamá estaba esperando otro bebé y ellos iban a tener un hermanito o hermanita. (Es fantástico ver a los propios chicos entusiasmados por la llegada de un nuevo hermano).

Cuando me desperté esa mañana, oí sollozos que provenían del baño. Era mi esposa, Anna, y yo supe que algo no andaba bien. Todos los que conocen a Anna saben que ella siempre se ve radiante; pero ese día estaba pálida y se percibía temor en sus ojos. «Mart, he estado sangrando toda la noche, y me temo que vayamos a perder este bebé». El temor entró corriendo, ya que dos años antes también habíamos tenido complicaciones con nuestro cuarto hijo, Levi, cuando al realizar el examen de la semana veinte se nos informó que era probable que no sobreviviera. Pero, por la gracia de Dios, él llegó al mundo saludable y feliz, y nadie sospecharía que algo anduvo mal al verlo ahora luchar con su hermano mayor. Pero pasamos un tiempo de angustia interior mientras aprendíamos esa lección con respecto a la fragilidad de la vida.

Y aquí estábamos otra vez. Lloramos, nos abrazamos y oramos sin decir una palabra; no había nada consolador que nos pudiéramos decir, solo una sensación de parálisis e incertidumbre. No teníamos más opción que vestirnos, sentirnos entusiasmados por los otros niños y subir al ómnibus a la hora indicada para ir al aeropuerto. Era demasiado tarde para volvernos atrás, y le pedimos a Dios que nos condujera a través de ese día.

Cualquiera de ustedes que haya viajado con niños, o aquel que haya estado en un avión con un pequeñito sentado detrás pateando el respaldo de su asiento comprenderá el estrés que significa llevar niños en espacios reducidos en los que deben permanecer sentados y quietos durante diez horas; ¡simplemente no es normal! Todo intento por mantener una imagen de fantástica estrella del rock se desvanece entre bolsos, mamaderas, cochecitos de bebé y niños desbordados de entusiasmo que se cuelgan de nuestros brazos y piernas. Es algo fantástico, pero a la vez constituye un gran desafío; sin embargo, considero que llevarlos conmigo cuando viajo es una gran recompensa y me hace el hombre más feliz del mundo.

Todos mostrábamos optimismo y las cinco familias viajábamos juntas; estábamos listos a emprender la ruta de otros veinte compromisos ante multitudes de norteamericanos. Silenciosamente, Anna y yo todavía sentíamos temor, y orábamos esperando que las cosas salieran bien. Pero en algunas ocasiones no todo sale bien, y para acortar la historia, perdimos a nuestro bebé durante ese vuelo. En ese momento yo recuerdo que simplemente nos tomamos de las manos: no había forma de escapar de la pesadilla. Todo lo que deseábamos era aterrizar en Chicago y volver a casa. Nuestro instinto natural nos guiaba a casa, pero la vida no siempre resulta tan simple o conveniente. Teníamos otros cuatro niños entusiasmados, soñando con pasar el mejor tiempo de sus vidas, veinte conciertos con miles de personas esperándonos, y una responsabilidad financiera con respecto a los compañeros de la banda. Con todo eso en mente, Anna me convenció de que deberíamos continuar viaje.

Al día siguiente era el cumpleaños de Elle (nuestra hija mayor) y también la primera presentación. Nos reunimos todos alrededor del pastel, le cantamos el «cumpleaños feliz», y en mi corazón le agradecí a Dios por su vida, por el regalo que ella era para nosotros. Con frecuencia en nuestra vida simplemente tenemos que seguir adelante.

Recuerdo vivamente el recital de esa noche, en el que cantamos History Maker [Hacedor de historia] y Mountains High [Alto como las montañas]; yo percibía plenamente mis emociones a medida que recorríamos cada línea. Cuando nos pidieron bis, cantamos Investigate [Examíname], que se basa en el salmo 139.

Al cantar esas palabras, las lágrimas comenzaron a fluir y me sobrevino una sensación de tristeza y vacío. Cuando uno ha pertenecido a una banda por tanto tiempo, percibe las emociones de los demás como las propias, y yo sabía que Stu G tocó esos plañideros solos de guitarra para nosotros. Sonó la última nota y luego un gran aplauso; camine hasta la mesa del sonido y Jon me tomó en su brazos como si fuera un bebé; yo lloré deseando irme a casa. Tener amigos es un regalo de Dios; y es aun un regalo mayor tener hermanos y confidentes.

La gracia de Dios estuvo con nosotros, y lo vimos hacer cosas sorprendentes durante esa gira. Me enseñó que siempre es bueno seguir cantando las canciones de Dios en momentos como estos, porque ellas le devuelven la perspectiva a nuestra vida. Nos identificamos mejor con los sufrimientos y el sacrificio por los que pasó Jesús para poder hacernos el regalo de la salvación.

Una de esas noches, viajando en el ómnibus de turismo, anoté en mi cuaderno algunos pensamientos acerca de este bebé que habíamos perdido aquí, pero con el que nos encontraríamos en el cielo un día. Tenía la imagen de él o ella encontrándose con Anna y conmigo en las puertas del cielo y llevándonos a ver a Jesús, junto con nuestros otros hijos. Recuerdo la sensación de gozo que experimenté al imaginar el encuentro con mi hijo no nacido y con mi Padre celestial: era una sensación de un puro éxtasis por haber llegado al hogar y estar juntos para siempre.

He recibido muchísimas cartas referidas a la canción I'll See You When I Get There [Te veré cuando llegue allí] de parte de personas que habían perdido a sus seres queridos y que se habían sentido reconfortadas a través de sus palabras. Se ha tocado esta canción en varios funerales, y me alegro de haberla incluido en el disco aunque fuera difícil de encajar en algunos sentidos.

Nunca podremos saber con certeza durante esta vida lo que Dios está haciendo, en especial cuando atravesamos por experiencias dolorosas. Pero debemos mantener la confianza porque Dios está en el control. Solo un año después, hubo lágrimas de nuevo; pero en esta ocasión fueron de alegría, cuando nos reunimos alrededor de una cama de hospital para conocer a Ruby-Anna Peaceful, nuestra nueva hija. ¡Dios es bueno!

CAPÍTULO 19

Señor,
tienes mi corazón

Martin Smith

La historia comienza en 1989, cuando escribí esta canción en una servilleta manchada con ketchup. La vida estaba a punto de cambiar, pero ni por un momento percibí con claridad que me había subido a la montaña rusa de Dios. Por primera vez en mi vida el cristianismo me había bajado de la cabeza al corazón y la gran travesía estaba comenzando. Las palabras empezaron a fluir a través de una lapicera mordisqueada, y entonces, de un modo natural y sin esfuerzos, emergió mi primera canción de amor para el Salvador, que decía simplemente: *toma mi vida y úsala*.

Había hecho esta oración en numerosas ocasiones, dado que crecí en un hogar con padres cristianos en el que se asistía a la iglesia. Esta oración les subió a los labios a mis padres por primera vez cuando yo casi morí al nacer, debido a una neumonía bronquial, y pasé mis primeros seis meses de vida sin llorar o producir cualquier otro sonido, y dependiendo de un «pulmón metálico» que les ayudara a mis pulmones a respirar. Mi mamá y mi papá clamaban pidiendo que yo emitiera algún sonido y me ofrecieron a Dios a cambio si es que él me daba la vida.

Dado que no había llorado desde el día de mi nacimiento, oraban a Dios y le rogaban que sanara mis pulmones y me diera voz. Sobreviví. Y de alguna manera siempre he tenido un sentido de gratitud. La segunda vez en que hice esta oración fue cuando a la avanzada edad de ocho años le entregué mi vida a Jesús. Sí, era muy pequeño, pero sabía que estaba haciendo lo que debía y deseaba hacer; a los doce años pasé por el bautismo.

Después de cumplir los trece años nos mudamos a causa del trabajo de mi papá. Acabé en una escuela de muchachos en Surrey, llamada Wallington High School for Boys, en la que me entregué enteramente a los deportes. La iglesia a la que asistíamos cerca de nuestro nuevo hogar no contaba con un verdadero grupo de jóvenes, así que mi papá comenzó uno. Y como no había nadie que dirigiera los cantos, mi padre me pidió que aprendiera a tocar la guitarra. Recuerdo que él me recogió después de un partido de críquet y me llevó a un negocio de música de la localidad. ¡Una hora después yo salía de allí como orgulloso propietario de una hermosa guitarra electroacústica!

Así que con la guitarra en mis manos y un libro de acordes, las canciones comenzaron a fluir; lo primero que compuse fueron profundas canciones de amor dedicadas a mi amiguita de trece años, ¡y apenas me quedó tiempo para aprender una de las canciones de la iglesia para que cantara el grupo de jóvenes! Encontré en la música algo que me encantó y comencé a dedicarle todo mi tiempo extra a la guitarra, de modo que mi mamá tuvo que guardarla bajo llave en el garaje durante una semana para que yo hiciera mis tareas escolares. Creo que, inconscientemente, la oración «toma mi vida» comenzaba a subir al cielo otra vez, aunque yo no tenía idea entonces de que Dios la tomaría en serio.

Llegó el verano de 1989 y yo comencé a experimentar hambre de Dios. Había cumplido 19 años y trabajaba como ingeniero de sonido para un estudio de grabaciones, el ICC, en Eastbourne. Además de trabajar con bandas locales, parte de mi tarea consistía en grabar toda la música de las conferencias bíblicas del país y compilar álbumes en vivo de los tiempos de adoración. Uno de esos encuentros de adoración fue el de New Wine [Vino Nuevo], que se llevó a cabo en la zona rural oeste de Inglaterra. Mientras estaba sentado en medio de aquel salón, con los auriculares puestos, y rodeado por cinco mil personas que le cantaban a Dios de un modo que yo nunca antes había escuchado, me di cuenta de que en cierta forma aquella gente tenía más de lo que yo tenía. Pero no podía descubrir qué era. Había asistido a la iglesia toda mi vida, conocía todo lo que había que conocer, y sin embargo veía un brillo distinto en esos rostros radiantes de amor por su Dios. Algo me pasaba, y comprendía que me hacía falta lo que ellos tenían, ¡pero no sabía cómo obtenerlo!

Hacia el final de la semana tenía en claro que necesitaba ser lleno del poder de Dios, del mismo modo en que lo fueron los discípulos (ver Hechos 2). Precisaba que mi relación con Dios pasara de ser meramente mental a convertirse en emocional y experimental. Deseaba conocer a mi Padre celestial íntimamente, ser amigo de Dios y hablar con él, ya que él caminaba diariamente conmigo. La última noche alguien me preguntó si podía orar por mí, así que me puse de pie allí, con los auriculares puestos y los brazos extendidos, diciendo una vez más «Toma mi vida y úsala».

En realidad no sucedió nada. Lo que quiero decir es que desearía poder relatar que rayos y truenos partieron del cielo y que me vi rodeado de un humo que parecía una niebla santa, pero, ¡ay!, nada de eso pasó. Sin embargo, sabía que algo había cambiado y me fui a la cama esa noche con una extraña sensación de paz y entusiasmo entrelazados en uno, y sin tener conocimiento de que al día siguiente iba a escribir mi primera canción de adoración.

Recuerdo esa tarde, sentado solo en medio del salón vacío, con una guitarra prestada entre las manos. No intentaba escribir una canción de adoración sino simplemente ponerle música a mi oración: *Señor, tienes mi corazón, y yo quiero buscar el tuyo. Jesús, toma mi vida y dirígeme.*

Allí estaba la oración otra vez, la misma que mis padres habían hecho tantos años atrás cuando me dedicaron a Dios. Yo ya no era un niño y sabía de la seriedad del llamado. Sabía que estaba entregando mi vida a Dios para que él la usara; era tiempo de convertirme en un «sacrificio vivo» (Romanos 12:1) y de vivir una vida que le agradara a mi Dios y lo hiciera sonreír.

Veremos tu gloria aquí fue una línea temática que surgió muchas veces en nuestras canciones a través de los años y también una comisión que se le había encomendado a la banda en medio de las curvas y giros de nuestro recorrido. Señor, para tu gloria, *toma esta vida y úsala*.

CAPÍTULO 20

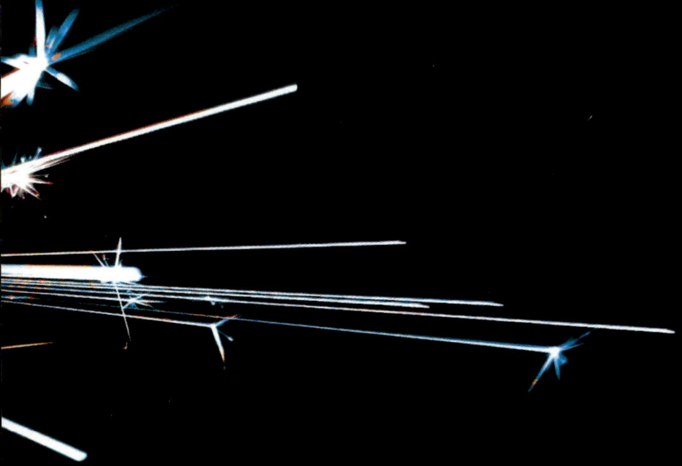

Mira la estrella

Cuando marchamos con Dios, él nos lleva a los sitios a los que debemos ir. Y esto no es algo menor, porque en la vida, a la mayoría de nosotros nos preocupa saber a dónde vamos. Consideremos este pasaje de *Alicia en el país de las maravillas*:

> «¿Podrías decirme por cuál camino tengo que ir desde aquí?»
> «Eso depende en gran parte del lugar al que quieras llegar», dijo el gato.
> «No me preocupa mucho el lugar al que vaya», dijo Alicia.
> «Entonces no importa mucho cuál camino tomes», respondió el gato.

Puede sonar a frase hecha, pero la vida es un viaje, ¡y *sí importa* hacia donde nos dirigimos!

Yo no tengo todas las respuestas, me debato tratando de dilucidar cuestiones y forcejeo con los desafíos que se me presentan en el nivel personal. He utilizado desvíos y tomado atajos, pero siempre quiero mantener mis ojos en la línea de llegada y nunca mirar hacia atrás. El apóstol Pablo lo expresó así:

> Hermanos, no pienso que yo mismo lo haya logrado ya. Más bien una cosa hago: olvidando lo que queda atrás y esforzándome por alcanzar lo que está delante, sigo avanzando hacia la meta para ganar el premio que Dios ofrece mediante su llamamiento celestial en Cristo Jesús
>
> (Filipenses 3:13-14).

El recorrido de Delirious? ha resultado una experiencia sorprendente hasta aquí. Nuestra visión ha sido, y todavía es, hacer muy buena música y ayudar a la gente a descubrir más acerca de Dios. Nuestros ojos están puestos en eso, y nunca ha cambiado. Los pasos que dimos y las metas que nos fijamos a lo largo del camino son lo que ha variado, y lo que nos ha conducido a través de algunos caminos interesantes. Percibimos que tanto el lanzar discos simples como el presentarnos en una cruzada de Joyce Meyer forman parte del mismo cuadro.

Algo que ha signado nuestra marcha desde el primer día es el hecho de no andar solos. En un comienzo, éramos cinco en la banda, y junto con Tony (nuestro apoderado hasta 2005), nos consideramos siempre los unos a los otros como miembros del mismo equipo en esta carrera.

También me hace sentir humilde el hecho de que a nuestra trayectoria se hayan unido miles de otras personas que vienen a los recitales, participan de la música, visitan nuestro sitio web, han captado la visión y también se sienten parte del equipo.

Y además están aquellos que han marchado adelante de nosotros. Soy consciente de que con frecuencia somos alentados desde lejos, como lo dice Hebreos 12:1:

> Por tanto, también nosotros, que estamos rodeados de una multitud tan grande de testigos, despojémonos del lastre que nos estorba, en especial del pecado que nos asedia, y corramos con perseverancia la carrera que tenemos por delante.

En las tempranas épocas de *Cutting Edge*, acostumbrábamos a viajar hasta la iglesia de nuestro amigo Billy Kennedy en Southampton. El edificio que usa la iglesia es el antiguo Salón Metodista Central, construido en 1925, el mismo lugar en el que George y Steven Jeffreys, los promotores del avivamiento galés, llevaron a cabo algunas reuniones que condujeron hacia Dios a una gran cantidad de personas. Dentro de ese salón siempre tengo conciencia de la «multitud tan grande de testigos» que nos rodea. Dondequiera que uno se pare, queda rodeado por todas partes de las antiguas bancas originales y puede imaginar a aquellos fieles santos del pasado alentándonos. Se crea allí una atmósfera adecuada para tocar, y nunca olvidaré aquella noche en la que una jovencita fue liberada de su silla de ruedas y recuperó la capacidad de andar (¡y sigue caminando hasta hoy!).

También nuestra iglesia se ha unido a nuestra trayectoria. ¡Realmente amamos a nuestra iglesia! No es la mejor, ni la más grande, ni la más sorprendente del mundo, pero está llena de gente maravillosa. Una de esas personas es una señora llamada Jo, a quien hemos contado, junto con su marido John, entre los líderes clave. John y Jo nos han alentado constantemente en la realización de nuestro sueño, creyendo y orando por que ocurriera una revolución de Jesús en nuestra comunidad.

Un domingo a la mañana noté que Jo estaba experimentando algún tipo de encuentro con Dios. Ella fue entonces hacia adelante y comenzó a cantar en el micrófono: *Miren la estrella que se está abriendo paso para brillar sobre el pueblo de la promesa*. Ella repitió la frase una y otra vez con voz temblorosa. No sé por qué, pero esa constituye una de las memorias más fuertes que tengo de nuestra iglesia. No puedo olvidarla y todavía veo la imagen que imprimió en mi mente: miles de personas emprendiendo una travesía, con los ojos fijos puestos en su destino y bañados en luz.

Cuando salí de allí comencé a escribir See the Star [Mira la estrella].

Corremos así, sin detenernos nunca; mantén mis pies en el camino. Yo quería describir esa determinación a nunca darnos por vencidos, a continuar andando sin importar las circunstancias. Eso es fácil de decir cuando las cosas marchan bien. *Pero qué vamos a hacer cuando las paredes comiencen a derrumbarse y caer sobre nosotros?*

Jo tuvo que arreglárselas con la cruda realidad de esto. En 2003 su marido, John, sufrió un ataque cardíaco y murió mientras realizaba un viaje para ministrar en Suiza. ¡Hablando de paredes que se derrumban! Tres años después, sin embargo, vemos una mujer que nunca ha dejado de correr, que siempre ha mantenido el paso, que ha continuado viviendo la vida y soñando sus sueños. Ha alcanzado un lugar en oración que yo aún no he experimentado, y cuando ella habla, la escuchamos. ¡Sigue andando, Jo, hay más por venir! See the Star [Mira la estrella] fue el primer simple de *Mezzamorphis*, y hay diferentes opiniones con respecto a si la elección fue o no correcta. Pero el hecho es que esta canción logró captar algo acerca del lugar por el que transitábamos en nuestra travesía, y aún hoy hace resonar esa verdad.